JN072698

SDGs時代の学びづくり

地域から世界とつながる開発教育

かながわ開発教育センター 企画
岩本 泰・小野行雄
風巻 浩・山西優二　編著

明石書店

この本を手に取ったみなさんへ―世界とつながり、地域で行動する学びづくりを―

　ＳＤＧｓ（持続可能な開発目標）という言葉が、社会に溢れるようになってきました。

二〇二〇年から実践がはじまった新学習指導要領でも、子どもたちが**持続可能な社会の創り手**になることが求められています。ここで言う「開発」の問題点や「持続可能性」の真の意味を以前から考察し、行動変容を促してきたのが**開発教育**という教育のあり方を日本に根づかせようとしてきた人々なのです。もしかすると、この本を手に取られた方で、開発教育という言葉を聞いたことがない方がいらっしゃるかもしれません。詳しくは第3部をご覧ください。

　この本が編集されている二〇二〇年から二〇二一年にかけて、世界はコロナウイルスによるパンデミックの脅威にさらされています。今や、暴走する資本主義が地球をも変貌させる新しい地球年代、人新世（ひと（じん）しんせい）の時代に入ったと、新進気鋭の経済思想家、斎藤幸平さんが警告を発しています（斎藤幸平さんは「ＳＤＧｓは大衆のアヘンだ」と喝破しています）。パンデミックは、もしかすると、地球からの「しっぺがえし」なのかもしれません。パンデミックだけではなく、気候変動、生物多様性の減少、「先進国」も含めた貧富の格差の拡大、差別や排除、憎悪や分断の動きなど、多くの問題が噴出するのが、このＳＤＧｓが語られる時代なのです。

　それでは、どうすれば良いのでしょうか。どのような学びづくりが必要なのでしょうか。**新しい学びづくりのヒントは私たちの暮らす地域にある**ということが、この本でみなさんにお伝えしたいことです。

　かながわ開発教育センターに集う私たちが、自分の暮らす地域や職場で、若き日から、どのような出会いをし、何を学び、どのように行動してきたのかを語りたいと思います。そこに未来につながるものがあると、私たちは信じています。ちょうど、スウェーデンの少女、グレタ・トゥーンベリさんが一人で国会前で座り込みをしたことが全世界を変えていったように。
第1部学校編は、学校を軸として様々な活動をおこなってきたメンバーの学びと行動の軌跡です。

小学校教員の平野沙和は、タンザニアでの研修などから、**相手を知ることは新しい自分と出会うこと**と気づき、実践を深めています。（第1章）

中学校教員の戸沼雄介は、カンボジアの小学校と長年関わる中で、**子どもたちとの関わりが教育の原点**であることにあらためて気づき、地域教材を生徒と共に作成していきます。（第2章）

元高校教員の風巻浩は、国際的な視野を持って地域で活動する高校生を組織してきた経験から、**東アジア世界のことを考え、地域で行動できる東アジア市民の自覚**を持つ若者たちに未来を託します。（第3章）

大学教員の岩本泰は、アースミュージアム・プロジェクトなどの**環境と持続可能性の本質を問う学び**を大学で実現していきます。（第4章）

第2部地域・ＮＧＯ編は、地域活動やＮＧＯ活動にこだわったメンバーの学びと行動の軌跡です。

神奈川は多民族・多文化の豊かな歴史を持つ地域です。未だ存在しない平和で公正な地域社会である多文化共生社会を創造しようとする動きと、それを潰そうとする差別・暴力とのせめぎ合いが生じています。

木下理仁は、理不尽な暴力に晒された朝鮮学校の入学式を祝う「入学応援隊」を組織しました。地域での**多文化共生をテーマにした開発教育の醍醐味**をお聞きください。（第5章）

かながわ開発教育センターのユニークなところは、学校の仕事と併せてＮＧＯを組織して活動しているメンバーが多いことです。

高校教員の田中祥一はフィリピンの現場に学び、フェアトレードなど**わかちあい共に生きるＮＧＯ実践**をしています。（第6章）

同じく高校教員の小野行雄もＮＧＯの代表となっています。フィリピンやインドなどに関わる自身のＮＧＯ

体験から、**NGOは市民が社会を引きうける術**と説きます。（第7章）

横浜市の日傭い労働者の街、寿町に関わっているNPO職員の木下大樹は、肩書きの無い街で**懸命に誠実に在り、相手と向き合うことの大切さ**を学んでいきます。（第8章）

共に生きる社会に向けたボランティアの意義については、YMCAなどに長年勤務してきた大江浩の阪神・淡路大震災や関東大震災、そしてセツルメントの現場からの話に耳を傾けてください。（第9章）

神奈川県の小さな市、逗子市は、日本で三番目のフェアトレードタウンです。逗子フェアトレードタウンの会共同代表である磯野昌子が、**フェアトレードタウン運動の軌跡**を記します。（10章）

最後に、かながわ開発教育センター代表の山西優二が、**「文化」「関わり」「地域」へのこだわり**を、会社を辞めインドを放浪した若き日から語ります。（第11章）

第3部SDGs・開発教育キーワードでは、SDGsや開発教育をめぐるキーワードについての議論を深めることになります。理論的なことを知りたい方は、まずこちらからお読みください。

まず、**開発とは**（第12章）として、SDGsの「D」（開発）とは何かを問います。そして、**開発教育とは**（第13章）、**国際理解教育とは**（第14章）と、既存の二つの国際的な学びの潮流についてふれ、その両者の関係性を**国際理解教育・開発教育の目標構造とアプローチ**（第15章）として提案することになります。

SDGsと開発教育（第16章）では、SDGsを教える際に重要な視点を提示しました。私たちが大事にしている「地域」に関しては、**開発教育にとっての地域**（第17章）に記しました。神奈川をはじめとする日本各地域で課題となっている多文化共生社会の創造における教育の役割を、**多文化共生と教育課題**（第18章）を通じて理論的に深めていってください。

私たちの大事にしている教育は、教師の一方的な教え込みではありません。**開発教育と参加型学習**（第19章）では、参加型学習の基本を語りました。参加型学習で大事な、教師／指導者のあり方に関しては、**ワーク**

ショップとファシリテーター（第20章）をお読みください。

そして、巻末にはＳＤＧｓと開発教育に関する文献案内と索引をおきました。

Think Globally, Act Locally.「世界のことを考え、地域で行動する」は、ＳＤＧｓや開発教育で語られるキーワードです。「暴走する資本主義」に怯むことなく地域や職場で行動するためのヒントが、この本に溢れています。一緒に、やっていきませんか！

初めて法律に守られて市民がヘイトデモを止めた日に　二〇二一年六月五日

共編者　風巻　浩

かながわ開発教育センター（K-DEC）の紹介

いま地球上には、貧困、紛争、南北格差、人権侵害、環境破壊など、地球的規模での諸問題が存在し、近年、その深刻さの度合いはますます増しています。

また、私たちが暮らす神奈川においても、多民族・多文化間の問題、環境問題、米軍基地問題、少子高齢化の問題など、平和で公正な社会の実現に向けて私たちが共に取り組まなければならない問題が数多く存在しています。

私たちの多くは、こうした問題について大量の情報を耳にはするものの、それらを自分のこととして捉えられず、問題の解決のために何かをしなくてはならないと思いながらも、具体的、継続的に行動に移すことがなかなかできずにいます。そして、それらの問題解決に向けて、教育の役割への期待は大きく、さまざまな場で試行錯誤が続けられていますが、確かな方向性は見出せないでいます。

しかし、一方で、こうした問題の解決に向け、地域に根ざしながら、具体的に行動していこうとする人々が増えていることも確かです。

私たちは、身近な地域である神奈川で、共に出会い、語り、互いの経験に学びあう中で、平和で公正な社会の構築をめざす開発教育の活動を通じて、世界や地域の問題を解決するために行動していきたいと思い、ここにかながわ開発教育センターを設立いたします。

（二〇〇五年一月七日　かながわ開発教育センター　設立発起人一同）

右の文章は、「かながわ開発教育センター」の設立趣意書です。設立からすでに十六年が経過したことになります。

開発教育は、一九六〇年代の南北問題に代表される開発問題の顕在化を背景に、その問題の理解と解決を目指す教育活動として展開されるようになった教育活動です。日本では一九七〇年代半ば以降にその萌芽をみることができ、一九八二年に後に日本における開発教育ネットワークの中心的な役割を担う開発教育協議会（現在の開発教育協会）が設立され、それから約三十九年間、市民活動を原動力として、数多くの実践と研究が展開されてきました。

ただそんな中にあって、開発教育が途上国の開発問題への構造的な理解を重視しつつも、一方で学習者の足元である自らの地域の開発問題をしっかり見据え、それを国内・国外の他の地域の問題と構造的に関連づけて捉え、新しい社会のありようを地域から発想するという視点は、当初の二十年ほどでは十分ではなかったと考えます。

そのような状況の中、神奈川には開発教育活動に関わってきた仲間がたくさんいました。開発教育協会が国内外のネットワーカーとしての役割を担うのであれば、地域に生活する私たちは、神奈川という地域で、地域にみる数多くの開発問題に即した開発教育のあり方を探っていこうと考えたわけです。そして二〇〇五年一月に**かながわ開発教育センター**を設立したのです。

このセンターは会員制をとってはいますが非営利の任意団体であり、決して大きな組織ではなく、まさしく手づくりの組織です。開発教育に関わってベテランの人もいれば、まだ関わり始めたばかりの人もいます。集まった仲間が、やりたいことを提案し、それをみんなで協力して事業化していく。そんな手づくり事業として、講師派遣、教材開発、各種セミナー・ワークショップの企画・開催などをおこなってきました。

たとえば**かながわ地球市民塾**は当初の自主事業として、多くの地域の市民の出会いを目的に出会いの場づくりを八年ほど継続させました。ＪＩＣＡ横浜との協働・協力事業である**開発教育セミナー**（基礎編・応用編）は教員を主たる対象として十六年続いている事業です。また同じくＪＩＣＡ横浜との共催事業として、二〇一九年度にはＳＤＧｓ×かながわ開発教育セミナーを「ＳＤＧｓ全般」「環境」「教育」「働く」「貧困」をテーマに五回実施しました。また二〇二〇年度にはコロナ禍の中、中学生・高校生も参加できるボーダレス・カフェｆｒｏｍかながわをオンラインで七回実施しました。そして、今回のこの本の出版企画も、ある仲間が提案してから執筆に少し時間がかかったものの、私たちなりの手づくり事業の一つです。

設立からの十六年は、地球上の開発問題の解決に必要とされる時間からみると、まだわずかの時間です。とは言え、焦ることなく、地域にこだわり、地道に身近なところから、教育に期待して活動をつないでいきたいと思っています。

共編者　かながわ開発教育センター代表　山西優二

SDGs時代の学びづくり—地域から世界とつながる開発教育—

目次

この本を手に取ったみなさんへ—世界とつながり、地域で行動する学びづくりを— 風巻 浩 3

かながわ開発教育センター（K-DEC）の紹介 山西優二 7

第1部 学校編—学びの場を世界にひらく—

第1章 相手を知ることは新しい自分に出会うこと 平野沙和 14

第2章 教師としての自分自身の気づき—カンボジアの学校と関わって— 戸沼雄介 26

私のお薦め本① 39

第3章 若者たちが東アジア市民になるとき—高校生に未来を託す— 風巻 浩 41

私のお薦め本② 56

第4章 環境と持続可能性の本質を問う学び 岩本 泰 58

私のお薦め本③ 70

第2部 地域・NGO編—地域を掘り下げ、世界とつながる—

第5章 「多文化共生」を考える—朝鮮学校の子どもたちのことを知って— 木下理仁 76

私のお薦め本④ 85

第6章　フィリピンに学んだ「わかちあい共に生きる」NGO実践　田中祥一　87
私のお薦め本⑤　103
第7章　NGOと市民社会―私は社会を引き受ける―　小野行雄　105
私のお薦め本⑥　119
第8章　寿町から学んだこと―懸命に、誠実に在る―　木下大樹　122
私のお薦め本⑦　129
第9章　共に生きる世界へ―ボランティアの現場から―　大江　浩　131
私のお薦め本⑧　147
第10章　世界から地域へ―逗子におけるフェアトレードタウン運動への軌跡―　磯野昌子　149
私のお薦め本⑨　163
第11章　開発教育との出会いと「文化」「関わり」「地域」へのこだわり　山西優二　165
私のお薦め本⑩　175

第3部　SDGs・開発教育キーワード―公正な世界を求めて―

第12章　開発とは　小野行雄　178
第13章　開発教育とは　山西優二　183
第14章　国際理解教育とは　山西優二　186
第15章　国際理解教育・開発教育の目標構造とアプローチ　山西優二　190

第16章　ＳＤＧｓと開発教育　山西優二　193
第17章　開発教育にとっての地域　山西優二　198
第18章　多文化共生と教育課題　山西優二　204
第19章　開発教育と参加型学習　山西優二　211
第20章　ワークショップとファシリテーター　木下理仁　215

おわりに　岩本　泰　221

ＳＤＧｓ・開発教育に関する文献案内　223
開発／ＳＤＧｓとは？　223
エコロジー／エシカル消費／フェアトレードとは？　225
子ども／生きる／教育とは？　226
国際理解教育／開発教育／環境教育／ＥＳＤ／参加型学習／アクティブ・ラーニングとは？　227
多文化共生／多文化共生教育とは？　229
地域／公共／ＮＧＯ／ボランティアとは／地域で何ができる？　231
ＳＤＧｓ・開発教育に関する索引（事項、人名、映画、教材、団体）　236

第1部　学校編

―学びの場を世界にひらく―

〔第1章〕相手を知ることは新しい自分に出会うこと

平野沙和（ひらの さわ）

小学校教員
特別支援教育、心理分野に興味をもち、一人ひとりが自分らしくいられる社会の実現を目指している。
旅行や散歩、小説を読むことが好き。

新しい世界へ…始まりの一歩

二十二歳のとき短期語学留学という形で一人、二週間フィジーへ行きました。

それまで一度も日本を出たことがなかった私は、外国という知らない世界に対して、好奇心と畏れがありました。異国の地では、目に入ってくる風景、聞こえてくる言葉、におい、料理の味、そのすべてが新鮮で「これまでなんと狭い世界で生きてきたのだろう」と、衝撃を受けたことを覚えています。

街を歩けば「ブラ！」とすれ違う人が笑顔であいさつしてくれ、道を尋ねればその場所まで一緒に案内してくれる。その親切な心意気に感激し、気がつけば初海外の不安もどこへやら、現地の人との交流を楽しんでいる自分。

ホームステイ先の家族は、キリスト教を信仰しており、父親がギター片手に歌えば、子どもたちがそれに合わせて祈りのダンスを踊っていました。週末になると教会へ行き、集まった人々とバンドの演奏に合わせ何時間も歌い踊り続ける家族。私はその風景を眺めながら、のどかで安らかな時間の流れを心地良く感じながら過ごしました。

さらに、私と時期を同じくしてフィジーに来ていた日本人たちにも出会いました。学生、美容師、イラストレーター、会社員など肩書も年齢もさまざま。普段日本で生活していただけでは交わることのなかった人たちとの出会いは、とても刺激的でした。その方たちと、これまでの人生やこれからのことを語り合いました。

私の初めての海外への挑戦は、想像をはるかに超えたものとなり、テレビの中の世界ではなく、自分の足でその地に立ってみると、感じるものは全く違っていました。今でも私の胸の中には、ホームステイ先の優しい家族の祈りの歌とギターの響きが残っています。

外国の地を踏んだことがある人ならば、誰にでも「初めて海外に行った瞬間」があるでしょう。その時の、わくわくと不安が入り混じったあの感覚は、どう表現したらよいのでしょうか。私のように短期の語学留学ですら、そのような感覚が強くありました。ましてや、自分と違う国や文化の中で暮らすとなれば、その気持ちは計り知れないものです。

いずれにせよ、言葉では表現できなくても、感覚として覚えておくことが大切だと感じています。なぜならそれは、さまざまな文化の人と関わる上で、きっと役に立つと思うからです。

出会い、そして生まれる思い

フィジーですっかり海外の魅力の虜になった私は、その次の年に中国へ、またその次の年にカンボジアへ足をのばしました。

カンボジアには日本からのスタディツアーに参加しました。シェムリアップからバスに乗り車窓を眺めると、多くの車が走り、商品を宣伝する派手な看板。思ったよりも栄えている、と感じました。

しかし、それは表面的なことでした。ツアーでさまざまな場所を回るうち、今もなお多くの問題をこの国が抱えていることを知りました。教育の問題、エイズの問題、そして内戦時代に埋められたたくさんの地雷。特に地雷については、恥ずかしながら「過去の出来事」だと思っていましたが、今でも毎年被害者が出ていること、地雷で手足を失って生活している人がたくさんいると知り、ショックでした。

農村部では整備されていない赤土の道路でバスのタイヤが埋まり、トンレサップ湖の船では、男の子が小さな体で客を乗せてオールをこいでいました。見学に行った小学校では、目をきらきらさせて日本語の授業を受けている子がいましたが、アンコールワットには、靴を履いていない女の子が「お金ちょうだい」と観光客に寄っていく姿がありました。

同じ国の中で、こんなにも違う生活をしている人がいることを知りました。日本では、もちろん貧富の差はあるものの、人間として最低限度の生活をすることが憲法で保障されています。子どもが学校に通う制度も、児童労働から守る法律もあります。カンボジアといえば、海外からの観光客も多く日本人にとっても身近な国ですが、そんな国に深刻な問題があるという事態を、どのように受け止めたらいいのかわかりませんでした。

旅の経験を活かしきれない自分

クメール伝統織物研究所の「伝統の森」を訪れた時のことです。木々に囲まれたその村には、静かでゆったりとした佇まいが感じられ、木々の回りを子どもたちが走り回り、犬も猫も鶏も自由に過ごしていました。

ドアも窓もない開かれた繊維作業場には、穏やかな表情で絹織物を織っている母親たちの姿。代表の森本喜久男さんから話を聞き、元々荒地であったこの土地を耕し、すべて自給自足で生活できる村を一から作り上げたことを知り、大変驚きました。

自然の力を最大限に引き出し、その中で人・動物・自然の共存があり、カンボジアの伝統織物の復活を遂げた森本さん。その村で作られた絹織物には、そこで暮らす方々の自然を大事にする心、優しさがたくさんつまっているように感じました。森本さんの取り組みは、さまざまなテレビ番組や本で取り上げられているので、ここでは割愛しますが、私は、森本さんの成し遂げたことはもちろん、その強い思いに心打たれました。

カンボジアの地で、さまざまな体験をし、ぐるぐると思いを巡らせて日本に帰ったとき、私の中にはある思いが生まれていました。それは、「小学校教師としてこの旅の経験を子どもたちに伝えたい」というものです。

しかしながら、自分の感じたことをどのように伝えたらいいのか、そこからどんな学びを生み出したらいいのかが漠然としており、結局、旅のお土産話で終わってしまいました。自分の体験したことを活かして、子どもたちに考えさせる授業ができないものかと、もどかしく思いました。

無知の知…その瞬間

カンボジアの旅から一年後、あるチャンスが巡ってきました。ＪＩＣＡ横浜が主催する教師海外研修に参加できることになったのです。

この研修は、世界が直面する開発課題及び日本との関係、国際協力の必要性について理解を深めるための研修でした。国内研修で、開発課題を見る視点や開発教育について学び、海外研修で実際に現地の方に話を聞いたりするプログラムとなっており、この年はタンザニアに行くことが決まっていました。

私は、「これは、チャンス！」と思いました。カンボジアのときには、見たことや感じたことを子どもたちにどのように伝えたらいいのかという葛藤がありましたが、教師海外研修では事前と事後にも研修があり、そこに学びたいことのヒントがきっとあると思ったからです。

一緒に教師海外研修に参加するメンバーとなったのは、私を含め十人でした。研修の幕開けに、ＪＩＣＡの方から「当事者意識が大切」という話がありました。これは後々、私の中でとても大切なキーワードとなっていきます。そして、教師海外研修の事前・事後の研修を担当していたのがＫ－ＤＥＣでした。

初回の研修で、ファシリテーターが「タンザニアと言えば？」と私たちメンバーに問いかけると、「自然が多い」「動物がたくさんいる」「暑くて土のにおいがする」など、口々に思いついたことを皆が話しました。おそらく二十個ぐらいの意見が出たと思います。その後、ファシリテーターが「タンザニアの写真はどれでしょう」といくつかの写真をスライドで見せました。日本昔話に出てくるような田園風景の写真、高いビルがたくさん建ち、スマートフォンの看板が掲げられた街の写真、ヨーロッパのリゾート地のような写真。どれも、私たちグループで出し合ったタンザニアのイメージとはかけ離れているものでした。そこで、ファシリテーターが一言、「これらは、すべてタンザニアの写真です」。

「えーーー！」私を含め、メンバーからは驚きの声が出ました。みんなで出し合ったタンザニアのイメージは、どれもタンザニアと日本との「相違点」ばかりでした。たくさんあるはずの「共通点」は、ほとんど出てこなかったのです。クイズのような感覚で気軽に答えていた私たちは、言葉が出なくなりました。

「外国の文化を理解するぞ」「教師として、子どもたちに国際協力について伝えたい」と意気込んで集まったメンバーたちです。まさかその自分たちがこんなにも先入観をもっていたことが衝撃でした。しかしながら、「無知」であった自分に気づくことができたのは大きな収穫でした。

私たちは皆、自覚がないところで先入観をもちながら生活しているのかもしれません。だからこそ、知ったつもりになるのではなく、「相手を知る努力をし続ける」ということがとても大切なのだと感じ、それが研修のスタートの日となりました。

タンザニアで発見したこと

事前研修も無事に終わり、いよいよタンザニアに向けて出発です。到着した初日に、「日本にいるときと同じ感覚ではなく、タンザニアの実情に合わせた過ごし方をしてほしい」と、現地のＪＩＣＡの方から話がありました。

タンザニアでは、電気・教育・農業の三つの分野のセクターを視察しました。そこでは、現地の方と丁寧に信頼関係を築きながら、支援に携わっている日本人の方の姿がありました。視察した小学校では、教室に固定された長机とベンチに五十人ほど子どもたちが座り、二人で一冊の教科書を使っている光景が目に飛び込んできました。授業の形態は一斉授業、先生は黒板の前から授業中動きません。日本でのように「グループ学習」や「机間指導」はおこなわれていないようでした。

無邪気に遊ぶ、農村で出会った子どもたち

私はそれを見て「もっと日本のように変えた方がいいのでは」という考えが浮かんできました。その学校に、日本から教師として派遣された青年海外協力隊の方がいたので思い切ってそれを伝えました。

すると「私たちは、タンザニアの学校を改善するために来ているのではないんです。現地の方と一緒に時間を過ごし、交流を深め、その思いを理解することが大切です」という答えが返ってきました。それは、また一つ自分の中の先入観に気づかせてくれた瞬間でした。

タンザニアで米を生産する取り組み「タンライス・プロジェクト」の現場にも行きました。このプロジェクトに携わっている日本人の専門家の方によると、米の生産量を上げるうえで壁となっているのは、過酷な環境と質の低い灌漑施設、脆弱な管理体制にあるとのことでした。

特に管理体制については、「メンテナンス」という文化がタンザニアにはなく、その概念を伝えることはとても難しいというお話でした。現地の方と何度も話し合いを重ね、米の生産量をあげるという現地の方の願いにそって計画されたプロジェクト、農家自身の意識を変えるための研修会の開催や、現地の方が気軽に参加できるような苗植え体験の企画など、地道な努力をし続けているそうです。

ここでも印象に残る話がありました。「タンザニアの農家にホームステイした知り合いが、そこの家族と同じものを食べ、同じリズムで生活していた。同じ量の労働をしてみると、全然力が湧いてこない。彼らの生活スタイルで農作業をすることがどんなに大変かを身に染みて感じた」というのです。

これらの経験は、支援のあり方を深く考えさせてくれました。傍から見て、「こうすればいい」と思うことは簡単なことなのかもしれません。しかし、現地の方が本当は何に困っていて、どういうことを求めているのかを真に理解することは、たやすいことではありません。タンザニア初日にＪＩＣＡの方から聞いた「タンザニアの実情に合わせて過ごすことの大切さ」が、ほんの少し感じとれた気がしました。タンザニアで出会った日本人は、どの方も「当事者意識」をもって支援することの努力をしていました。現地の方の生活や文化を知り、理解しようとすること。そして、現地の方の思いを聞いて信頼関係を築くこと。これが、支援をしていく上での柱になると感じました。

また、「物」の大切さについても考えました。生活する上で大切なことは、物だけではありません。しかし、物があるからこそできることもたくさんあります。例えば、学校では、教材や教具があれば子どもたちの思考がもっと深まるかもしれません。柔道の練習場に畳があれば、十分な練習を積めるでしょう。「物をあげるだけの支援はよくない」というのは、当たり前のこととして捉えていましたが、実際に現地の方と出会って話を聞くと、目の前にいる人々の「今」を支えたい、という気持ちが湧いてきたこともまた、事実でした。

相手を知ることは、新しい自分と出会うこと

タンザニアから帰ってきて、何度か事後研修がありました。現地で見つけてきた多くの「素材」をどう教材へと結びつけていくのか。メンバー同士、意見を出し合いながら練っていきました。

それまで忙しい日々に追われ、しなければならないことをこなすことで精一杯の生活が続いていましたが、「そうか！子どもたちの反応や思考を想像しながら教材を作ることは、こんなにも楽しいものなんだ」という発見がありました。教材づくりのため、自主的に集まって話し合うこともありました。

キリマンジャロを眺めながら、研修メンバーと

また、一般の方と一緒に受けるセミナーも事後研修に含まれており、そこでもグループでの教材づくりがありました。経験も知識もそれぞれですが、そこに集まった人たちと一緒に話し合ううちに生まれてくるアイデアは、とても面白いものばかりでした。

この教師海外研修のメンバーとの教材づくりを通じて、「人が何かを生み出す力ってすごい」と感じました。一緒に考える相手の思いを理解しようとすること、相手との関わりを大事にすることが、その力を引き出すのではないでしょうか。自分一人では見えない世界、他の方との関わりの中でこそ見えてくる世界がきっとあります。

「国際理解」「国際協力」というよく聞く言葉。そこには、支援をする人とされる人を分けるのではなく、自分の気持ちが一緒にあること、すなわち「当事者意識」という視点を欠かすことができません。遠い世界の誰かの話ではなく、どれだけ相手の立場・思いに共感できるのかとい

うことが大切だと感じます。

そしてこれは、私たちの生活の中でも同じことが言えると思います。開発教育とは、何も特別なこと、特別な誰かだけに対しておこなうことではなく、自分と相手との関わりを考えることから始まり、ゴールもそこにあるのではないかと考えています。

開発教育に学んで小学校での実践を

それから後、私は六年生を三度担任し、その中でこれらの経験から考えた授業をおこないました。

一度目にもった六年生とは、「豊かさとはなんだろう」を単元のテーマとして学習を進めました。子どもたちがタンザニアの小学生に折り紙でプレゼントを贈ったり、現地の教員にお願いしてインタビューでの交流活動をおこなったりしました。このような活動の中で、子どもたちは現地の子とつながりがもてた実感が湧いたようで、もっと知りたい、深めたいという意欲につなげていました。

さらに、事後研修でメンバーと共に作成した教材を使い授業をおこないました。『村の子どもたちが学校に行けるようになるには？』というタイトルで、以前に教師海外研修に参加した方が作った教材を参考に作ったものです。村の子どもたちが学校に行けるための支援として、医療・農業・道路・学校の側面から優先されるものを一つだけ選び、グループで意見を交わします。

この教材のポイントとなるのが、「村人になったつもりで考える」ということです。話し合いが始まると、議論が白熱しているグループや、反対に一つに絞れず困惑するグループなどさまざまでしたが、簡単に答えを出すことができたグループはありませんでした。

子どもたちには、「今日、みんなが話し合ったたように、実際の現場でも、今だけではなくこれからのことも考える視点、一部の人だけではなく、さまざまな立場の人の思いを考えながら決めていくことが大切」という話をしました。この単元が終わった後に、「私も世界に出て、現地の人たちと出会いたいです。出会わないとわからないことがあるから」「将来は、国際協力に携わる仕事がしてみたい」という感想を書いてくれた子もいました。

二度目の六年生

二度目の六年生とは、「つながりプロジェクト〜なりたい自分に近づく一歩〜」というテーマでおこないました。他の文化を理解することを通して、自分と周りのつながりに気づいたり、目標をもちながら生活したりすることをねらいとしました。キャリア教育の視点も入っています。まずは、「今の自分を知ること」から出発し、自分の良いところや課題と向き合う学習をしました。

次に、『世界のともだち』[(1)]という本を通じ、「この国の○○さん」と自分との共通点探しをしました。さらに、『レヌカの学び』[(2)]のワークをおこない、自分の中にある先入観に気づく学習もしました。ゲストティーチャーとして、ユーラシア大陸を自転車で横断した方を招き、その方が見た世界、感じたことを実際に話していただく機会もありました。

このように、「自分」について考えるため、さまざまな「出会いの種」を蒔きました。これらが、どのぐらい子どもたちが自分自身と向き合うきっかけになったのかはわかりません。しかしながら、単元の最後に一人ひとりがスピーチで語った「なりたい自分の姿」には、卒業を目前にし、これからの新しい出会いと向き合う希望と決意が表れていました。

---

(1) (二〇一四)『世界のともだち』偕成社。三十六か国の子どもたちの暮らしを紹介する全三十六巻の写真絵本。

(2) ネパール人のレヌカさんが、日本に滞在していた時に起こった変容に注目した異文化理解教材。原作は土橋泰子。本教材は開発教育協会ホームページよりダウンロードできます。

子どもの学ぶ姿から学んだこと

三度目は、「地域の魅力を再発見」というテーマでおこないました。子どもたちは、多くの方に見守られ支えられながら生活しています。そのことに子どもたち自身が地域学習を通して気づくことで、人と関わり合いながら生きていくことの良さを感じてもらえたらと思い、テーマを設定しました。「自分たちの地域の特徴や良さはどんなところだろう」と問いかけたとき、ほとんどの子が答えられませんでした。地域への興味・関心が薄いように感じられました。

そこでまずは、グループでフィールドワークをおこない、気づいたことを付箋に書き出す活動をおこないました。すると、「公園の花は誰かが植えたものだった。誰が植えたのかな」「以前あった神社の鳥居がなくなっていたけど、何か理由があるのかな」など、さまざまな発見や疑問が出てきました。それらをもとに、地域のさまざまな施設や店、寺、役所の方などに協力していただき、町の人に会ってインタビューをしました。

インタビューを終えるたびに、みるみる子どもたちの表情が明るくなり、この学習への意欲も高まっている様子でした。単元を通しての子どもたちの大きな変容は、想像を超えていました。実際に町を歩き、地域の方と話をして、そこで、地域の方たちがどんな思いでこの町で働き、どんな願いを地元の子どもたちに込めているのかを直接聞いたことで、子どもたちが変わってきたのです。まさに、出会いの力を感じた出来事でした。

三年生の時に社会科で町探検に行った経験のある子どもたちでしたが、六年生になった時、もう一度地域を見直すということは、とても意味のあることのように感じました。「自分と地域とのつながり」は、地域の方との出会いによって、見えなかったものが見えるものへと変わっていったのでした。

単元の最後には、自分の地域に対する思いや、これからどのように地域と関わっていきたいかという一人一人の思いが、それぞれの言葉で語られ学習が締めくくられました。自分を取り巻く地域、そこでさまざまな思いをもって地域と携わる方との出会いにより、新しい自分との出会いが見つかったのだと思います。

そんな子どもたちの学ぶ姿から、相手とつながることは新しい自分と出会うことだと実感しました。同時に、私自身がフィジーやカンボジアで得たのは、「相手とつながることで、自分自身が気づかなかったところを見つける経験」そのものだったことがわかりました。

私はその旅に出るまで、あまりこだわりがなく、人に合わせることが多かったので、優柔不断な性格なのだと思っていました。しかし、その地で知り合った仲間たちには、行きたい場所、やりたいことが次々に浮かんで、しっかりと思いを伝えることができたのです。「こんな自分もいたんだな」と私にとって大きな発見となりました。そんな自分に出会わせてくれた仲間たちに感謝の気持ちでいっぱいです。

開発教育、その道はどこまでも

そして今、私はK-DECで活動しています。運営委員の方の多くは、以前から開発教育に携わり、知識も経験も豊富です。それでも、今もなお新たに学びを生み出そうとする探求心があります。人生の先輩方のそのような姿から、学ぶことはたくさんあります。

開発教育で大切な「当事者意識」「多文化共生」についての価値観は、完成されたものではなく、今この瞬間にも変化しています。だからこそ、「学び続ける」「理解しようとし続ける」という姿勢が大切であり、それは、誰か特別な人しか実現できないのではなく、誰にでもできることです。私は、これからも学び続けることを選び、開発教育や、人との関わりについて考えていきたいと思っています。

［第2章］教師としての自分自身の気づき

―カンボジアの学校と関わって―

戸沼雄介（とぬま ゆうすけ）

中学校教員。
JICA 教師海外研修をきっかけに、開発教育に関心を持ち、継続的にカンボジアの学校支援に関わる。趣味はテニスをすることや、部活動で陸上競技の応援をすること。人と人、人と地域のつながりを作り、持続可能な社会の担い手を育てていきたいと考えている。

日本の学校でのモヤモヤ

i 憧れの学校現場へ

二〇〇一年四月、私は社会科の非常勤講師として初めて学校現場に赴任しました。中学生の頃から学校という場が大好きで、気づけば教員を志していた私にとって、それは本当に嬉しいことでした。どんなこともまずは自分自身が吸収し、成長していきたい、子どもたちに少しでも社会科に関心を持って欲しい、と思い、指導書を片手にたくさんの教材研究をおこない、実物教材を求めて先輩の社会科の先生と各地にフィールドワークにも行きました。

二〇〇五年四月に正規教員として川崎市の中学校に赴任してからも、その基本的な思いは変わることがありませんでした。必死に働き、研究をして、部活動もおこない、ほとんどプライベートと言える時間はありませんでしたが、充実していました。

一方で、学校現場にいたからこそ感じるモヤモヤした想いもたくさん経験しました。学校は、とにかく「ルール」がたくさんあります。私は、なぜそのルールが必要なのかを十分に考えることなく、「そういうものだ」と思って過ごしていました。それを振り返る余裕がなかったのかもしれません。

ですが、ふとした瞬間に、それは疑問となって自分自身に押し寄せてきます。「なんでそういうきまりになっているのだろう?」と、本当の心の中では葛藤が起こっているのに、結局は何も変えられない自分がいました。学校現場で働きはじめてから四年が過ぎた頃、今でも心に残っている出来事が起こりました。

ii はじめての社会科研究発表での出来事…なぞのルール

二〇〇四年、勤務先の学校で、社会科の研究発表をおこなうことになりました。私は、当時はまだ非常勤講師でしたが、機会があればいろんなことに携わってみようと考えていたので、お手伝いならできるかなと思い、会議に臨みました。ところが、二本ある発表のうちの一本をメインで任せられることになりました。

私は、素直に嬉しく思いました。早速、一緒によくフィールドワークをした先輩の先生と相談し、三浦半島の農業について実地踏査をとなもう研究発表にしようと企画をしました。子どもたちにも呼びかけ、部活動(カヌー競技)でよく三浦に行く三名の生徒が一緒に頑張ってくれることになりました。「さぁ、ここからどんな研究にしよう?」とワクワクしていた時、ナゾのルールが自分に迫ってきました。「戸沼先生は、非常勤だから、生徒を連れて校外に出るのは…どうかな?」

危機管理上のことを考えた上でのことであったと思います。しかたなく、私は子どもたちに、「校外には出られないかも…」と伝えました。その時、子どもの一人が私に言いました。「そんなことを言っていては、

三浦市の農家に１日お邪魔させていただき、農家の方から日々の工夫を伺いました（写真は、フィールドワークを行ったカヌー部の生徒たち）

何もできませんよ。僕たちはいつも、三浦海岸で部活動をしています。部活動で三浦海岸に行くのは問題がなく、社会の勉強で先生と一緒に三浦に行くのはダメ、というのは、よくわかりません」。

子どもたちの強い想いに突き動かされた私は、再度、先輩の先生とも相談し、保護者の了解を得るという形で、三浦半島でのフィールドワークを無事におこなうことができました。三浦半島の農家に一日お邪魔させていただき（軽トラの荷台に乗って移動したのは、これが初めてでした）、農家の方の大根作りに懸ける想いや努力を感じ、日頃子どもたちが感じていた三浦半島の豊かな自然についても、実際に各地を周り、研究発表で存分に紹介することができました。

子どもの想いに触れ、今まで感じていた「ナゾのルール」を少しはみ出したからこそできた体験でした。

海外の学校を見てみたい衝動

そんな経験をした私は、だんだんと「なんでこんな決まりがあるの？」というのを、良い意味で懐疑的に考えるようになっていきました。時にはそのルールについて「反発」するようにもなっていきました。それと同時に、日本以外の学校への興味も増していきました。

当時の私はよく沖縄県に出かけていました。沖縄は、アジア・太平洋戦争において、日本で唯一の住民を巻き込んだ地上戦が繰り広げられた現場です。私は、社会科の教師として、そのような現場を肌で感じ、子どもに伝えていきたい、と考えていたので、ガマの追体験などを中心に何度も沖縄を訪れました。

ですから、「海外の学校はどんな様子なのだろう?」と漠然と考えはじめたときも、訪れてみたい国としては、開発途上国で、かつて紛争などが起こった国に自然と興味を持つようになっていました。そして、一つの国が私の頭に浮かびました。それがカンボジアだったのです。

カンボジアとの出会い

i 初のカンボジア

二〇一〇年十二月、私は友人と初めてカンボジアを訪れました。ベトナムのホーチミンを起点に、メコンデルタの町カントーとチャウドックを経由して、メコン川を遡ってカンボジアの首都であるプノンペンに入り、さらに船で遡って、シェムリアップをめざす、という一週間の旅でした。

初のカンボジアということで、すべてのものが新鮮でしたが、特に印象的だったのは世界遺産であるアンコールワットの近くの露店にたくさんいた物売りをしている子どもたちの姿です。「この子どもたちは学校に行かないの?」と、現地のガイドさんに聞いてみたところ、「学校には行くこともあるけれど、物売りしたほうが稼げるから、今は学校ではなく、自分の家の仕事を手伝っている子どももいると思うよ」と言われました。「そんなに気軽に、学校が休めるのか?」と、日本の教育に慣れてしまっていた私は衝撃を受けました。

アンコールワット近くの露店で、一人の男の子が熱心に写真集のようなものの売り込みをかけてきました。私は、「それはいらないなぁ…。でも、一緒に写真を撮ろうよ!」と片言のクメール語で話しかけ、一緒に写真を撮りました。写真を撮りおわり、「オークン」(クメール語で「ありがとう」)と言って握手をしようとすると、彼は、笑顔で「Picture one dollar!」と言ってきました。

笑顔で握手もしたので、おそらく冗談であったのかな、と思います。しかし、その後、お母さんらしき方がその子を呼び、何やら話をしてきた後に、神妙な顔で私に近づき、「ジュースを買わない?」と言ってきました。怒られたということは容易に想像できました。私はジュースを一本買うこととしました。彼はジュースとミサンガのような小さなお土産品を私に渡して、「オークン」と言っていました。

アンコールナイトマーケットでも、子どもの姿がありました。彼は、Ｔシャツを売りながら数学の勉強をしていました。どうやら中学生のようで、中学校のあとにここでお姉さんとお店をやっているということでした。彼は英語が堪能で、私とも英語でやりとりができましたので、お土産として数枚のＴシャツを買うことにしました。「数学の勉強？」と聞くと、「明日までの宿題なんだ」と言っていました。宿題をしながら、観光客にＴシャツを売る彼の姿は、妙に私の脳裏に残りました。

帰国後も、彼らの姿が忘れられずにいた私は、しだいに「カンボジアの学校」に行ってみたいと考えるようになりました。そして、受け入れをしてくれる学校を探し始めました。

ⅱ カンボジアの小学校…感じた日本との「違い」

翌年の十二月、私は再度、カンボジアを訪れました。ちょうどこの頃から、日本人の短期のボランティアの受け入れを始めた小学校を知り、訪問をすることができたからです。

カンボジアの小学校は午前と午後の二部制で、どちらかに正規の課程の授業があります。この小学校では、日本のＮＧＯが中心となり、空いているほうの時間で英語と日本語の無料の授業を実施しています。私はそのスタッフとして、この学校に関わることになりました。

カンボジアの学校には、日本と違うこともたくさんありました。例えば、カンボジアの子どもはよく遅刻をして学校にやってきます。しかし、先生方はそれをあまり咎めるようなことはしていません。後にわかったことですが、この学校が立地している村は農業を生業としている家が多く、作物の収穫期には子どもたちも仕事をします。学校で勉強をするよりも、家の仕事を手伝うことに価値を感じている子どもがたくさんいました。

カンボジアの小学校（YOSIMASA SCHOOL）では、日本のNGOの支援のもと、英語と日本語の授業をしています

また、テストについては非常にシビアな実態がありました。私が関わっているのは小学校ですが、中学校のテストで悪い点数を取ると、高等学校へは進学ができない、という仕組みもあります。なので、子どもたちは、「×」を付けられることを極端に嫌がります。だから、語学の補習的な位置づけの英語と日本語の授業に対しても、一生懸命に学習に励んでいる子どもがたくさんいました。

関わり始めた当初は、村に小学校ができたばかりで、小学校にもかかわらず、十四歳・十五歳の子どもも学んでいました。彼らに、なぜ英語と日本語を学ぶのかと聞いてみると、「言葉を話せることで、将来の職業に役に立つから」という答えが返ってきます。この国で、語学を身につけるということがとても大切であると実感しているようです。

またこの学校は、自分の生まれ育った村に教育を行き届けさせたいと願う一人のカンボジア人男性の想いから生まれた学校でした。彼は、私とほとんど変わらない年齢であるにもかかわらず、地域のことを考え、それを発信し、この学校を開設しました。同時に、孤児院も開設し、地域の子どもたちが「教育を受けられる環境」を少しずつ整えていったのです。そんな彼との出会いは、私にとって大きなことでした。

子どもたちが熱心に学習に取り組む姿や、それを支える大人たちの姿を見て、私も感銘を受けました。同時に、そのような子どもたちの力に少しでもなれたら、という思いも持ちました。以来、十年以上、その小学校や地域の方々、子どもたちと関わりを持ち続けています。

変化…関わりを持ち続けて見えてきたこと

ⅰカンボジアの小学校の役割

カンボジアの小学校に行き始めたころは、熱心に学習に励む姿に感動したり、その姿を日本の中学校の子どもたちと比較して驚いたりの繰り返しでした。ですが、十年間も同じ村の学校を見続けていると、いつの間にか「違い」よりも「同じ」ことに目が向くようになってきました。

例えば、休み時間の子どもたちの様子です。私が関わっているカンボジアの学校は休み時間が長く、授業と授業の間に三十分の休憩があります。子どもたちはその時間を楽しみにしており、ゴム跳びをやったり、サッカーをやったり、ハンカチ落としをやったり、とさまざまな遊びをしています。中には、校外へ行き、売店(駄菓子屋のようなもの)でお菓子やジュースを飲食している子どもも、たくさんいます。勉強については、この時ばかりは頭の片隅にもなく、本当にはしゃぎ回っている状況が毎日続きます。私もよくその遊びに加わり、一緒にさまざまなことをします。

10年にわたりお世話になっているホストファミリーと。12月に再訪することが日課となっています

この休み時間は、どうやら現地の子どもたちにとっては非常に貴重なようです。家に帰ると仕事もあるため、なかなか自由に遊べません。学校に来れば、家の仕事からは解放されて、友達と思いっきり遊べるので、学校には行きたいと願っている子どもたちがたくさんいます。カンボジアの地方の小さな村では、学校が同年代の子ども同士を結びつける重要なコミュニティーとしての価値を担っているのです。

これは、地域により程度の差はあるものの、日本でも同じことが言えると思います。日本でも、「学校が楽しい」と答える生徒の多くは、友達との活動を楽しみにしています。卒業時に子どもたちが作成する文集で、多くの子どもたちが「友人との会話」「部活動」などの思い出を書いています。学校は、同年代の子どもたち同士を結びつける役割を担っています。

また、学習についても、別の側面が見えてきました。カンボジアの子どもたちの中でも、勉強が楽しいと感じている子どもがいる一方で、勉強に対してはあまり前向きになれない子どももたくさんいるということです。後者の子どもたちは、何らかの理由をつけて授業を抜け出すこともあります。

そのような子どもたちは、日本人のスタッフは「優しい人が多い」という意識を持っていることが多く、補習授業にはやってきて、英語と日本語の授業に参加をするものの、それ以上に授業と授業の間の「休み時間」を楽しみにしており、私もよく「サッカーやろう！」などと誘ってもらいました。つまり、先程述べた、コミュニティーとしての価値に期待して補習授業に来ているのです。

また、村の大人にとっても、学校は大切な役割を担っていました。休日である日曜日の学校に行くと、多くの村人が車座になり、食堂のテーブルの周りに座っています。ビールを片手に談笑していることもあれば、真剣なようすで話し合っていることもあります。後者は多くの場合、教育をテーマにしていると、村に学校を作ったカンボジア人男性が教えてくれました。彼は時折、村の大人たちを招き、子どもたちにとって教育がなぜ大切なのかを大人たちに話しているそうです。

「この村の多くの大人が学校に行ったことがない。だから、今でも子どもたちを出稼ぎに行かせてしまうことが多い。私は教育の大切さを訴えて、大人たちが出稼ぎに行っている間、子どもたちを引き取って、学校で継続的に勉強ができるようにしている」と彼は話してくれました。日本でいえば、地域にある公民館での話し合いのようなことが、休日の学校でおこなわれています。カンボジアの小さな村の学校には、さまざまな役割があることがわかってきました。

ii日本でいるときと違ってきた自分

二〇一九年十二月末、私はいつものようにカンボジアの小学校で過ごしていました。もう、すっかりと年末の風物詩と化しているこのプログラムへの参加でしたが、自分自身でもびっくりするような出来事が起こりました。

このところ毎年担当していた六年生のクラス最後の授業で、最終日にいつものようにお別れを言い、子どもたちからもお礼の言葉と歌をもらいました。「いつものこと」であったはずでしたが、なぜだか思わず感極まってしまいました。正直、自分でもびっくりしました。もう慣れているはずなのに、なぜだろう、と考えたとき、ふと気づいたことがありました。

その一週間、本当にたくさん子どもと時間を一緒に過ごしていました。サッカーに誘われ、一緒にグラウンドを駆け回ったり、売店で一緒に話をしたり…。カンボジアにいくと、なぜか心が落ち着きます。きっとそれは、自分自身がいつもの「自分」と違い、多くの時間を子どもと過ごしているからなのではないかな、と思いました。

日本の学校では、常に何かに追われ、自分では気がつかないうちに子どもとの距離が離れていたのかもしれません。つまり、日本にいた時と違っていたのは、子どもたちの姿ではなく、「自分自身の姿」なのだと思います。それに気づかせてくれたのは、間違いなく、カンボジアの小学校で一緒に時を過ごした子どもたちのおかげだと思います。

子どもたちとの関わりが教育の原点であり本質であるということに、改めて気づかせてくれました。同時に、初めての社会科研究発表で、子どもたちとともに少しばかり冒険をしていた自分自身や、その時の子どもたちの姿を思い出しました。

まとめにかえて…これからの目標

i 「開発教育」と「地理教育」

このカンボジアの子どもたちとの関わりが十年を迎えた今、私は、これらの経験をきちんと整理し、今、私が向き合っている日本の子どもたちに還元していくことが必要であると考えています。その一つの鍵が、開発教育の視点を地理教育に活かすことにあると考えています。

3年間にわたって関わった子どもたちと一緒に。日本の子どもたちからの手紙を持っていきました

開発教育について、開発教育協会では、次のように定義[1]しています。

「私たちは、これまで経済を優先とした開発をすすめてきた結果、貧富の格差や環境の破壊など、さまざまな問題を引き起こしてきました。これらの問題にとりくむことが、私たちみんなの大きな課題となっています。開発教育は、私たち一人ひとりが、開発をめぐるさまざまな問題を理解し、望ましい開発のあり方を考え、共に生きることのできる公正な地球社会づくりに参加することをねらいとした教育活動です。[2]」

中学校の地理的分野の学習では、「エネルギー」「環境」「民族問題」「異文化」「地域」などのグローバルイシューを学習テーマとしてい

(1) 山西優二(二〇〇五)「開発教育の理念にみる変遷と今後の課題」全国地理教育研究会編『地球に学ぶ新しい地理授業』古今書院で紹介されている定義より引用。

(2) 開発教育に関しては、詳しくは本書第3部を参照ください。

訪問しているカンボジアの村のようす。村の生業である農業や自給的な漁を、子どもたちが日常的に支えています

ます。地域のあり方などを問うなかで、地域の実情を踏まえた問題の具体的な解決や、開発・環境・人権・平和の理念を活かした地域づくり、共生・公正・持続可能の視点からの地球社会への政策提言が可能です。

また、中学校三年生で学習する公民的分野においても地理的な見方・考え方の習得が役立つと考えています。地域の捉えには、「身近な地域」レベルから「地球全体」までのさまざまなものがあり、それらは重層的に重なりあっています[3]。社会に存在する問題をさまざまな「層（レベル）」から追究すること、そして、社会適応・順応だけではなく、社会変革・創造をめざすという開発教育の視点を活かして追究することは、多面的で多角的なものの見方・考え方を獲得するきっかけとなります。

また、それが将来の社会参画への態度の育成にもつながると感じています。重層的に重なりあう地域について考察し、社会と自分自身のつながりを実感することができれば、自ら課題に関わろうとする動機につながっていくのではないでしょうか[4]。地理教育の中で、これらの視点を踏まえた実践をおこなうことで、より地域に愛着をもちつつ、課題を見出し、行動できる子どもを育むことができるのではないかと考えています。

ii 地域に根差した教材開発

現在、私が勤務している学校がある鎌倉市は、持続可能な社会の実現に向けて積極的に取り組みを発信していく「SDGs未来都市」に選定されており、積極的な取り組みがおこなわれています。二〇一八年、私は子どもたちと一緒に、鎌倉市の企業や市民活動を対象として、SDGsに対してどのような取り組みをしているかを取材する機会を得ました。この実践が取り上げられた冊子も発行されています。(5)

この活動を通じて、子どもたちが最も印象に残った言葉として挙げていたのが、「ジブンゴト化」というキーワードです。この言葉は、「カマコン」という市民活動を取材したときに、その運営をされている方が大切にしていることとして紹介してくださった言葉です。

共感を重ねながら、アイデアを積み重ね、自然と事象を「自分の身に起きていること」として考えていく仕掛けがされていました。一緒に取材した子どもたちも実際にカマコンに参加して、そのプロセスを経験し、「頭で考えるだけではなく、たくさんの「実経験」を積んでいくことで、鎌倉で起こっ

(3) 山西優二（二〇〇八）「これからの開発教育と地域」山西優二・上條直美・近藤牧子編『地域から描くこれからの開発教育』新評論。

(4) 鈴木允（二〇一七）「日本の人口問題を扱う動態地誌的学習の方法と意義—愛知県藤岡町を事例とした高校地理B学習指導案作成と授業実践から—」（『新地理』六十五巻第一号、日本地理教育学会）では、事例地の社会変化に着目し、その「背景」から事象の原因を追究することが、社会的な見方・考え方の獲得の鍵となり、他地域の問題を考えたり、主体的に行動をしようとするきっかけとなることが指摘されています。

(5) 神奈川県（二〇一九）『SDGsアクションブックかながわ』。この冊子は、以下で見ることができます。https://www.pref.kanagawa.jp/documents/47798/SDGsactionbook.pdf

鎌倉でのSDGsの取り組みを取材する生徒たち。中学校を卒業してからも、地域に関わり続けている生徒がいます

ている問題に対する想いも強くなっていった」と話しています。

私は、学校で学んだ知識を単なる「知識」として終わらせるのではなく、それを地域の活動に活かしていくことや、ＳＤＧｓという視点から地域を見つめて、これからの（私も含めた）活動について深く考えていくことの価値を大切にしながら、子どもたちの「疑問や想い」に寄り添って取り組んでいきたいと思っています。そして自分の生活する地域に愛着を持てる子どもを育てていきたいです。

「鎌倉の“おすすめスポット”に連れていって欲しい」と、鎌倉在住の生徒にリクエストし、フィールドワークをした時の様子。子どもたちの目線から感じるおすすめポイントには、子どもたちの遊び場も含まれていました。今後も、地域の良さを実感できる子どもたちを育成していきたいです

教育は未来への投資と言われます。子どもと関わりながら、一緒に地域について考えていくことが、ＳＤＧｓ時代の学校現場に求められているのではないでしょうか。また、子どもたちの発想を大切にし、それを活かして実際に活動していくことが、持続可能な社会の担い手を育成する第一歩だと思います。

そのためには、共に社会の課題について向き合っていくという姿勢が最も大切です。そんな気づきを私に与えてくれたのは、間違いなくカンボジアの小学校で経験したことや、それに携わる人々の想いに触れたことがきっかけとなっています。私自身を大きく成長させてくれたカンボジアの小学校との交流は、これからも継続していきたいと考えています。

カンボジア、そしてカンボジアの皆さん、オークン！

『あなたのたいせつなものはなんですか？・・・カンボジアより』

山本敏晴（二〇〇五年）小学館

この本には、発行当時のカンボジアの子どもたちが感じた「大切なもの」の絵と、写真が掲載されています。

あとがきで、著者はこう訴えています。「あなたのたいせつなものはなんですか？よーく考えてみてください。・・・もしも世界中の人みんなが、大事なものの絵を見せっこすることができたなら、少しだけお互いにより理解しあえるようになり、少しだけ世の中の争いを減らすことができるかもしれません。そしたら、少しだけ、世界中の人が、幸せに近づくかもしれませんね・・・」。

現在のカンボジアのようすは、本が発刊された当時と大きく変わっていることに留意する必要がありますが、一方で、地雷の問題など、未だ変わらずに解決できていない課題や、急速な都市化の進行による新しい課題も生まれています。

著者の訴える、「少しだけお互いにより理解しあえる」「世界中の人が、幸せに近づく」社会の担い手となる小・中学生の皆さんに、世界の抱えている問題を「感じてもらう」ことができる一冊だと思います。

『資源問題の正義―コンゴの紛争資源問題と消費者の責任―』

華井和代（二〇一六年）東信堂

教員として、どのような投げかけをすれば、世界で起こっている問題をより「ジブンゴト」として捉えさせることができるのだろうか、と常々悩んでいます。そんな折に紹介されたのがこの本でした。

コンゴ民主共和国では、携帯電話やパソコンなどの家電部品として不可欠なタンタルをはじめ、金やスズなどの鉱物生産がさかんですが、このような鉱物売買で得た資金が、コンゴ東部で活動する武装勢力の資金源となっている実態があり、この構造が長期にわたって続いています。しかし、私たち消費者が、商品を購入するときにそのような問題を考えることはあまりない（というよりも、考えることができない）と思います。生産地と消費地をつなぐ経路が明確につながっていないことが、その原因です。

私たち先進国の消費者は、途上国の生産地で起こっている社会問題に「無意識」のままでよいのでしょうか。著者は、途上国の問題と私たち自身や私たちの生活との「つながり」を認知することが私たちに必要だと主張しています。その「つながり」を見出すために、著者は丹念に現地の調査をおこない、現地の人々のようすに心を配っています。まさに、地域を知ることが、問題の所在を明らかにするうえでいかに大切かを教えてくれます。同時に、国際協力の難しさと必要性も感じられる一冊だと思います。

【第3章】若者たちが東アジア市民になるとき

―高校生に未来を託す―

風巻　浩（かざまき ひろし）

東京都立大学特任教授。地球対話ラボ監事。川崎富川高校生フォーラム・ハナサポーター。

39年間、世界史教師として高校教育に関わる。

おいしいお酒とソウルフルな音楽が好き。人々が「アジア市民」としての意識をもった優しさ溢れる多文化共生社会を地域で実現していきたいです。

教師は、そう簡単にはやめさせられない

「教師は、そう簡単にはやめさせられない……」。これは、若いときに実践の糧（かて）としてきた言葉です。パウロ・フレイレの翻訳や反アパルトヘイト運動などで知られる楠原彰さんが書き記したものです。(1) 管理がきびしくてやりたいことがやれないという教員への返答として、楠原さんはこう述べました。「教師はいま、そう簡単にやめさせられないから、あなたはやりたいことをやったらどうですか」「サボってみたり、年休を目いっぱい取って旅してみたり」「ずっと教員養成からきた、集団の和みたいなもの、学校の和みたいなもの

(1) 楠原彰、里見実対談（一九九五）「アジアと出会い自分を開くことで学校が開かれる」『教育評論』一九九五年十月号、アドバンテージサーバー。

のなかできちんとやらないと教師としてだめだという」、そこから「抜け出て一回しかない人生を、もっと楽しく好きなことをやればいい」と・・・。

「あなたを守るためです」と、管理職の彼自身を守るための言い訳を聞きながら、やりたい実践を諦めたことも何回かありましたが、それでも免職とはならずに「楽しく好きなことを」やりきって定年を迎えることができました。

「せつなさ」による自己変容

教員としての生き方を決定づけた体験をお話ししたいと思います。

大学・大学院では哲学科で美学を専攻していました。高校時代からバンドを組んでいたロックやリズム&ブルースには関心はあったものの、歴史や、ましてや社会科学はまったくの素人でした。大学院時代に結婚が決まり、教員に「でも」なろう、「しか」なれないという「でもしか教師」として教員になったのですが、ある出来事が自己変容(2)の一つの原因となりました。

大学時代はバンドで明け暮れました

教員になって十一年目になる一九九〇年の冬、全国から集まった十三人の高校生たちと共に、五日間、バングラデシュの村に入り、トイレ作りなどをおこなうワークキャンプに参加しました。(3)

電気も上下水道もない、貧しく厳しい現実の村でした。同時に豊かな人間関係を持ち、未来への希望を持って生きる人々の村でもありました。村人といっしょに汗を流して簡易トイレを作ったり、雨期に冠水しないように畦道を修理したりし、夜が明けたらすぐに宿舎に集まる村の子どもたちと遊んだりという熱いつながりを経験しました。

この村でサルボダヤ思想[4]による農村開発をおこなう現地NGO「SOJAG」の代表、アブドゥール・モティンさんの「私たちはお金を求めているのではない。知恵を分けあっていこう」という凛（りん）とした姿に触れ、高校生たちは「貧しい国への一方的な哀れみ」といった当初持っていた想いが崩されていきました。

村の子どもや大人とのつながりを持ってしまった今、この村を去ったあと自分たちには何ができるのか、という「深い問い」が、別れの日が近づくと高校生たちの心に、そして教師としての自分自身の心に、深くのしかかってくることになりました。

別れの朝になりました。乾期にもかかわらず、寒い雨が降り続いていまし

(2) スタディツアーにおける参加者（生徒・学生）と教師自身の変容に関しては、以下の論文を参照されたい。風巻浩（二〇一二）「スタディツアー・フィールドワークから国際理解教育の授業をどうデザインするか」日本国際理解教育学会編『国際理解教育を問い直す―現代的課題への15のアプローチ―』明石書店。

(3) 日本ユネスコ協会連盟主催の高校生識字ワークキャンプ。企画者である、当時、日本ユネスコ協会連盟職員の高見啓子さんや、連れ合いさん特製のおにぎりを村で御馳走になった、当時、バングラデシュ赤新月社職員、現在は聖心女子大学教授の大橋正明さんとは、これ以来、長くおつきあいをいただいています。

(4) スリランカのA・T・アリヤラトネを創始者とする農村開発運動。

トイレ作りを高校生たちと一緒に

最後の朝、涙の別れ

た。リキシャ（自転車タクシー）は、僕と女子生徒を乗せて村を後にしました。「帰国したあと、自分たちは何ができるのか?」雨で顔が濡れることを良いことに狭い座席で肩を寄せ、涙でぐしゃぐしゃになりながら、過ぎ去りゆく村に後ろ髪を引かれながら、僕たちはいつまでも語り続けました。

このように、知識や情報がその人の心を素通りしてしまうのではなく、その人の心にザラザラとしたものを残していくこと、不条理に苦しみ、問題の深刻さの前で立ち尽くすが、その絶望のかなたに微かな希望を見いだしていくこと、そんなホリスティック（全人的）な知のあり方を、このあと僕は「せつなさ」と名づけ、自分の実践と研究のキーワードとしてきました。「せつなさ」との出会いが「でもしか」教師を変容させていきました。

日本語ボランティアで難民の子どもたちと関わる

バングラデシュ識字ワークキャンプには、当時勤めていた神奈川県立多摩高校の生徒も一緒に参加していました。彼は、僕が作った部活動である、多摩高校日本語ボランティアサークル（略称「日ボラ」）の一員でした。

ボランティアとは、どのような存在なのでしょうか。アジアをモデルにした経済学の再構築を試みる中村尚司さんは、ボランティアを多様な関係を創出するものとして「多重生活者」と定義します[5]。「日ボラ」の生徒たちは、忙しい勉強と部活に加え、多重生活者として、当時、神奈川県に多く定住することとなったベトナム、ラオス、カンボジアの難民の子どもたちに勉強を教えるという活動を、神奈川県インドシナ難民定住援助協会（現在の神奈川県難民定住援助協会）と協働しておこなっていました。

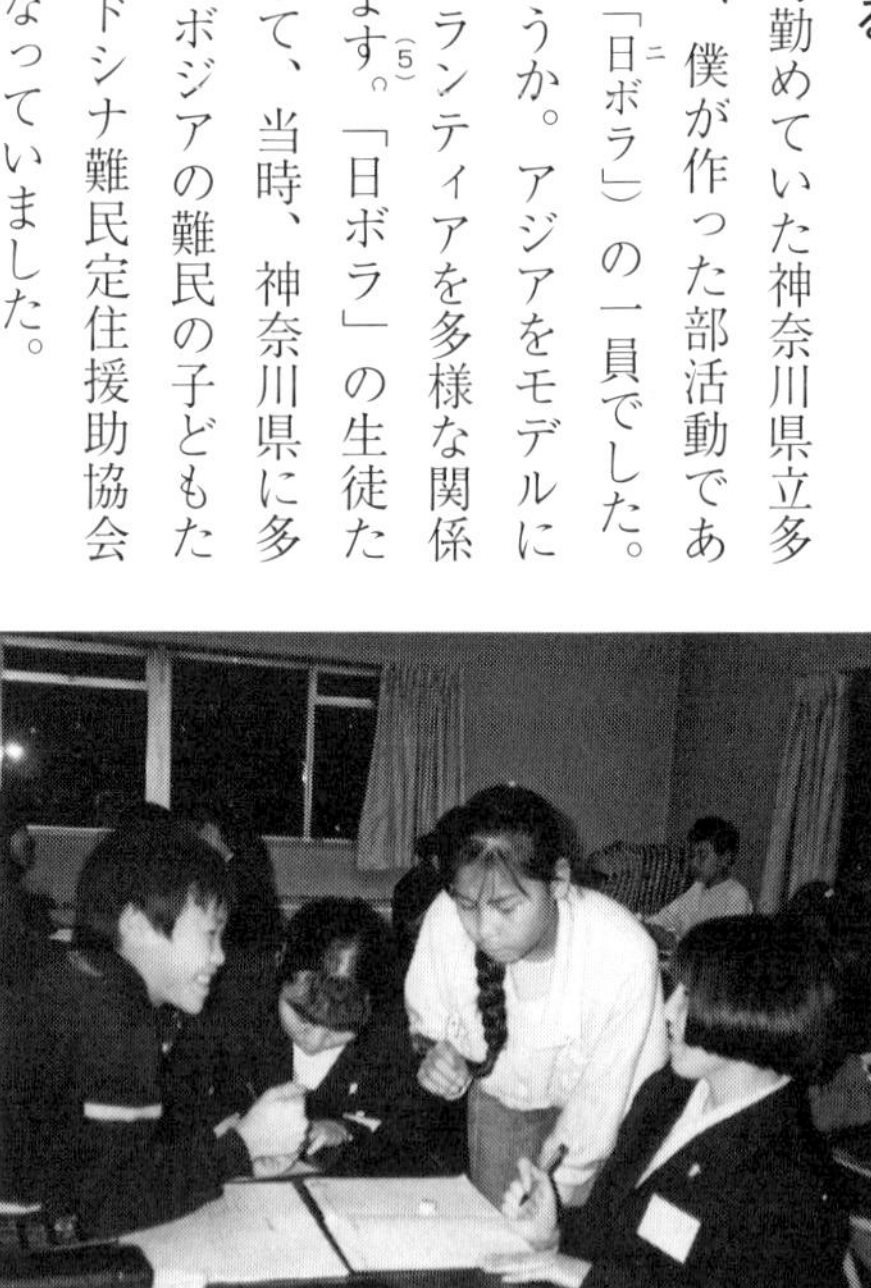

高校生たちと学習室の子どもたち

多摩高は、いわゆる進学校で勉強も大変だが部活も掛け持ちは当たり前。「多摩高生は過労死する」といった冗談も言われるくらいでした。阪神・淡路大震災の前で、ボランティアという言葉は、まだ一般化していない時代でした。忙しい多摩高生は、勉強と部活以外のボランティアなんてことに関心を持つかどうか、始めるまでは心配でもありました。ところが蓋を開けてみると、かなり多くの高校生が関心を持ち、参加することになりました。

週一回放課後、学校から一時間ほどの距離にある綾瀬市の団地の集会所にある学習室で漢字を教えたり、宿題をみたりする、という活動でした。やんちゃだが人懐っこい子どもが多く、「お姉ちゃん、また来て！」と子どもたちに言われ、高校生たちは活動に次第にのめり込んでいきました。楠原彰さん[6]に出会ったのもこの頃でした。「高校生くらいで家族の他に自分を待ってくれる人がいるって、貴重なことだよね」とおっしゃっていたのを思い出します。

せつなさから始まる全人的な振り返りと深い問いのプロセス

学習室での子どもたちの言葉は、高校生たちを驚かせました。「オジイちゃんは戦争で死んだんだ」、「小さなボートで夜の海に出たら、星がとってもきれいだった」、「そのうち、日本にアメリカが攻めてくるよ」。子どもたちのなにげない言葉や、突然、学習室に来なくなるといった、言葉にならない「沈黙の言葉」にも触れ、日ボラのメンバーはバングラデシュでの高校生と同様の「せつなさ」を感じていったようでした。

「せつなさ」は、単なる論理としての「省察（Reflection）」としての振り返りだけではなく、直観や気づきを

（5）一九九四年、ＹＭＣＡ神田で開催された「地球市民アカデミア」での講演、「アジア農村から世界が見える」のテープ起こしから。
（6）パウロ・フレイレの『被抑圧者の教育学』（亜紀書房、楠原さんは翻訳者の一人）を教えていただいた楠原さんは、反アパルトヘイト運動の中心的人物であり、世界の問題を抱きしめるほどに深く関わること（アンガジェ）の大切さも教えていただきました。

元にした「観想（Contemplation）」も含めたホリスティックな振り返り[7]を産み出します。そしてそれは、「自分とこの子どもたちとは、たまたま生まれた国が違っただけ。なぜ、戦乱や戦後の混乱を避けるために逃れてきた国で差別や偏見や行政の無策にさらされ、こんなにも大変な状況になってしまうのか」といった、心を揺るがす深い問いを自らに課していきました。このような全人的な振り返りと深い問いが、彼ら彼女らの次なる行動をうながしていきました。

二冊の本を高校生が出版

日ボラの生徒たちは二冊の本を出版しました。それぞれが、高校生たちの活動の振り返りと深い問いを契機としたアウトプットとして制作されたと言えるでしょう。

まず一冊目は『高校で考えた外国人の人権―ぼくらが訳した国連「移住労働者とその家族の権利条約―」』[8]でした。これは、日ボラの生徒有志が、当時、定訳がなかった国連の条約、「全ての移住労働者とその家族の権利条約」を文化祭での展示に向けて翻訳したものが元になっています。最初に述べたバングラデシュでの高校生識字ワークキャンプのレポートも高校生によるものが掲載されています。ちなみに、「全ての移住労働者とその家族の権利条約」は二〇〇三年に発効しました。残念ながら、いまもって日本は批准していません。

この頃、バングラデシュ人が多く来日し、建設現場などでの労働に従事していました。一九九〇年の入管法改定により、ブラジルやペルーなどから多くの日系人が、インドシナ難民と同じ単純労働もできる「定住者」としての在留資格で来日するようにもなっていました。綾瀬の学習室には、日系人の子どもたちも、インドシナ難民の子どもと一緒に学習をしていました。

今でこそ、国際学級やそのための予算が行政政策として考慮されるようになっていますが、この時代は、そのような政策はほとんどなく、高校生たちの目から見ても彼らの人権が奪われていることは明らかでした。移住をして来た人々の人権は国際的にどのように保障されているのか、という深い問いが生徒たちの活動の原動力となりました。ちなみに、この国連の条約では、非正規移住も含め移住をしてきた子どもたちの教育を受ける権利がきちんと述べられています。

もう一冊は、ベトナム語と日本語のバイリンガルで読める民話の絵本『イッ・イッ・イッ・たりないよ―ベトナム民話から―』[9]を出版しました。外国にルーツのある子どもたちと関わる中で、日本語がおぼつかない両親と母文化を軽んずるきらいが子どもたちにあること、背景として、きちんと母文化が子どもたちに伝わっていないという問題が存在することに日ボラの生徒たちは気づきました。

同時に、学習室で時折出してもらうベトナムやラオス、カンボジアのお菓子や各国料理などの文化にも関心を深めていき、文化祭でラオスの踊りを発表したりもしました。子どもたちへの文化継承のため、日本ではほとんど出版のないベトナム・ラオス・カンボジアの絵本を作ろう、ということになりました。

『高校で考えた外国人の人権』（明石書店、1992年）

『イッ・イッ・イッ・たりないよ』（かど創房、1995年）

（7）省察と観想による全人的な振り返りについては、ホリスティック教育に詳しい成田喜一郎さんの論考を参考にしています。詳しくは、成田喜一郎（二〇一五）「参加型学習と振り返り」日本国際理解教育学会編著『国際理解教育ハンドブック―グローバル・シティズンシップを育む―』明石書店、百二十二〜百二十三頁を参照してください。

（8）神奈川県立多摩高校日本語ボランティアサークル編（一九九二）『高校で考えた外国人の人権―ぼくらが訳した国連「移住労働者とその家族の権利条約―」』明石書店。

（9）多摩高校日本語ボランティアサークル編（一九九五）『イッ・イッ・イッ・たりないよ―ベトナム民話から―』かど創房。

ベトナムの高校生たちと多摩高校日本語ボランティアサークルの生徒たち

協力者の関係からベトナムの民話の絵本にすることになり、日本語になっているベトナムの民話を収集し、ベトナムの絵画を学び、絵本制作のノウハウを学びました。日本の大津絵にも似たドンホー版画というベトナムの版画のジャンルがあることを知り、絵本制作が本腰になった頃、僕はベトナム北部、ハノイ近くのドンホー村を訪れました。胡粉（ごふん）を塗ってキラキラと輝く紙や、版画の見本などを持ち帰ることになりました。

絵本は、食いしん坊で怠け者の神様が、仕事をしなくても食べて寝てばかりの生活を希望した結果、地上に降りて豚になってしまう、というたわい無い話です。ベトナム語の豚の鳴き声が「イッ」（語尾を上げて発音）で、「足りない」を意味する「イッ」（語尾を下げて発音）と似ている、というところがオチになっています。

完成した絵本は、神奈川在住のベトナムの子どもたちに贈呈することになりました。一九九八年には、この絵本を持って日ボラの生徒たちとベトナムへのスタディツアーもおこないました。バングラデシュワークキャンプでの体験を自分でも企画したいという思いがありました。

ボランティアワーカーズのはじまり

一九九八年の四月に異動ということになり、同じ市の南部の川崎南高校に勤務することになりました。やんちゃな子もめだつ学校でした。教科書はおろか、ノートや鉛筆一本も持たず座っている生徒も見かけられました。一計を案じ、わら半紙と鉛筆を持参して、手ぶらで授業に出る生徒に渡すことにしました。授業が終了したら全員のノート（彼はわら半紙と鉛筆）を回収し、スタンプを押して返却します。全員に「ノートを毎時間ごときちんと提出すれば、テストで〇点を取っても、絶対に赤点にはしない」と宣言しました。

結果はどうだったか。何と彼は、テストで平均点以上を取ることができました。「こんないい点数は初めてだ。母チャンに言わなくちゃ！」と喜んでいました。

そんな学校だったのですが、一年生に元気な女の子のグループがありました。「文化祭で雑貨屋さんをやらない？バングラデシュの可愛い民芸品だよ」と誘いました。バングラデシュやネパールで活動をおこなっていたNGO「シャプラニール＝市民による海外協力の会」の民芸品を扱ってみようという提案でした。ど派手なリキシャもお借りして乗車体験をするなどして文化祭で大成功し、余勢を駆って休眠状態だったボランティア部、ボランティアワーカーズ（通称ワーカーズ）を再開しました。ボランティアを通して世界と楽しく関わる、をモットーにして、不要品を集めバザーをして資金をつくり、シャプラ以外にも、さまざまな国際協力NGOに関わり合いを持ちながら、活動を展開してきました。

例えば、神奈川県茅ヶ崎市出身の吉田真美さんとお連れ合いのガテラさんがおこなっているルワンダのNGOムリンディ・ジャパン・ワンラブ・プロジェクトや、甲斐田万智子さんがおこなっている国際子ども権利センターが招聘した、インドのNGOビマサンガの子どもスタッフとの交流をおこないました。

また、NGOフリー・ザ・チルドレン・ジャパンが招聘した、性的虐待を受けた経験のあるフィリピンの少女ピアさんや、同じフィリピンのNGOフィリピン農村再建運動（PRRM）スタッフのヴァージニアさんなど、多くの出会いがありました。

韓国高校生からのラブコール

二〇〇〇年の一学期に素敵な偶然が訪れました。以前勤めていた多摩高校にも一度、学校見学と授業交流に訪れたことがあった、川崎市の友好都市、韓国の富川(プチョン)市の富川高校日本研究班（略称は富日研）の生徒からのラブコールでした。「高校生のホームステイを受け入れるので夏休みに韓国に来ませんか」というメールが届いたのです。

夏休みまであと一ヶ月といった差し迫った時期の話でした。既存の活動で手一杯だったようで、在日コリアン関係の活動をおこなっていた他の学校の教員には、応ずる動きはありませんでした。しかし、かつてのバングラデシュでの体験が思い出された僕は、何か思いがけないことが起こりそうだ、と直感し、ワーカーズの生徒たちを「韓国に行ってみない？」と誘ってみることにしました。二人の生徒も僕も、初めての韓国旅行となりました。

日本軍慰安婦ハルモニとの出会い

もう話してもヘイトの勢力が押しかけるなどの迷惑はかけないと思いますが、実はこの数年前に、多摩高校で社会科講演会という枠組みで、日本軍慰安婦とされたハルモニの講演会をおこなっていました。当時まだ午前中に授業があった土曜日の午後、後にドキュメンタリー映画[10]でも紹介されることになる、李玉先（イオクソン）ハルモニに来ていただきお話を伺いました。参加は自由だったのですが、社会科教室が満杯になる程の関心を集めることになりました。在日コリアンの女生徒が、「自分のお婆ちゃんが、もしかすると同じような目にあったかもしれない」と涙ながらに語る姿が印象的でした。

富日研とワーカーズの高校生たちも、共通の体験をして、そこから何かを感じ考え、何かを始めて欲しいと考えました。日本軍慰安婦とされたハルモニたちが共同生活をおこなう「ナヌムの家（わかち合いの家）」を訪れ、ハルモニや支援者たちが日本大使館前で抗議をおこなう水曜集会にも行くことにしました。水曜集会は歌やダンスもあり、中学生も参加するような賑やかな会でした。

ここで富日研とワーカーズの高校生は、日本軍慰安婦のハルモニから直接お話をお聞きすることになりました。ハルモニから話を聞いたワーカーズの生徒は、何と僕の知らない間に飛び入りで集会で発言することになっていました。「日本人が慰安婦問題に関心がないのは、小さい頃から日本が加害者である歴史を詳しく教えないからだと思います。こんな日本だけど、日本人は悪い人ばかりではないので、私たちのチング(友達)になってくださ い!」。堂々たるスピーチでした。彼女は泣き崩れ、僕も涙を止めることはできませんでした。

日韓在日高校生三者交流「ハナ」の誕生

このあと、今度は川崎で富日研の生徒たちと交流会をおこなうことになり、ワーカーズの生徒たちは、周りの高校の生徒を誘い実行委員会を結成しました。韓国を訪れた女子生徒のアイデアで、それまでまったく交流のなかった神奈川朝鮮高級学校の生徒にも実行委員会に入ることを文化祭に行って要請しました。紆余曲折はありましたが、何と、金大中(キムデジュン)大統領と金正日(キムジョンイル)国防委員長による南北対談があった年でした。十二月の交流会には朝鮮高校生たちも参加することになり、これにより、日本人・韓国人・在日コリアン(朝鮮学校生)の三者交流である、川崎・富川高校生フォーラム「ハナ」(通称ハナ)が結成されることになりました。

二〇〇三年に麻生高校に異動し、ここでも「日韓交流部」という部活動をつくり、「ハナ」の活動を継続させることになりました。

(10) 朴壽南監督(二〇一七)『沈黙—立ち上がる慰安婦—』。

韓国、ナヌムの家で慰安婦ハルモニにお話を伺う。2019年の交流

日韓在日の高校生たちは、三者それぞれがコンフリクト[11]を内在しながら、楽しくかつ真剣に交流を続けてきています。フォーラムでの討議するテーマを高校生同士が国境を超えて相談をして事前レポートを作成し、翻訳をしたものを事前に読んだ上で、実際に会うことになります。現地でのフィールドワークで共通体験をした上で、その回のテーマに則してフォーラムをおこないます。このようなプログラムが、夏には韓国を冬には日本を訪れての四十回を超える交流の中で定着をしてきました。

フィールドワーク先は、韓国では、ナヌムの家の他、柳寛順（ユグァンスン）など独立運動家が多く投獄された西大門（ソデムン）刑務所記念館や軍事境界線から北を望む統一展望台などは定番になりました。日本では靖国神社の「歴史」観を表す遊就館や地元川崎の多文化共生揺籃の地である桜本には何度も足を運びました。

フォーラムのテーマは多岐に渡りますが、教科書問題やワールドカップ日韓共催、日韓基本条約五十周年、嫌韓・反日問題など、その時代のトピックを取り上げることも多くありました。日程の前半はホームステイをして両国の生の文化に触れ、保護者の方々の歓待を受け、後半は合宿をして夜を徹して語り、遊ぶ、というスタイルも、空港での別れの時に感極まって泣きじゃくる、ということにつながっているようです。二〇二〇年、二一年のコロナ禍の事態でもオンラインでの交流を実現しました。

日韓をつなぐ東アジア市民として

二十年前のハナを始めたころには夢であった素敵な「事件」が、二〇一五年の五月に起こりました。ハナの初期のメンバーである富川側のOBと川崎側のOGが結婚することになったのです。今では、かわいいお子さんも産まれ、すくすくと育っています。活動の中で描いてきた僕の夢の実現でした。

日本と韓国、そこに中国や朝鮮民主主義人民共和国を入れても良いと思いますが、そこに共通のアイデンティティを置くことは可能ではないかと考えています。それを僕は「東アジア市民」と名づけてきました。近年、日本学術会議も、東アジア地域圏に生きる一市民（東アジア市民）としての資質形成に公民科の新科目が寄与するべきである、との提言をおこなっています。[12] 新科目「公共」はもちろんのこと、「歴史総合」や「総合的探究の時間」での東アジア市民をめざす多文化共生教育の充実が求められています。[13]

アイデンティティは「あれかこれか」ではなく「あれもこれも」ですし、グラデーションのように多重的かつ選択的なものとして捉えるべきです。日本国籍を持ち有権者として日本の政治に責任を持つものとして、植民地侵略と東アジア地域での侵略戦争の歴史を真摯に受け止め、そのような過去を否定する動きに毅然として対決するべきです。それと同時に、「東アジア市民」として、この地域の平和な未来を他のアジアの人々と共に形成していくことが、僕たちに求められているのではないでしょうか。

韓国富川（プチョン）市市庁舎前の公園で、市長の来席のもとに日韓カップルが結婚式をおこないました

日本にも韓国にも、偏狭な民族主義が存在する

（11）川崎・富川高校生フォーラム「ハナ」のコンフリクトを内在しながらの二十年に渡る歴史に関して詳しくは、風巻浩（二〇一六）『社会科アクティブ・ラーニングへの挑戦―社会参画をめざす参加型学習―』明石書店刊をご覧ください。

（12）詳しくは、日本学術会議心理学・教育学委員会　市民性の涵養という観点からの高校の社会科教育の在り方を考える分科会（二〇一六）「提言十八歳を市民に―市民性の涵養をめざす高等学校公民科の改革―」http://www.scj.go.jp/ja/info/kohyo/pdf/kohyo-23-t228-3.pdf

（13）多文化共生教育を可能とする教員養成に関しては、以下を参照ください。風巻浩「多文化共生教育を実践できる教員の養成―公正な多文化共生社会構築をめざして―」『部落解放二〇一七年十月増刊号』解放出版社。

のは事実です。そして両国の政府が、そのような対立感情を自己の政治に利用することが問題をさらに深刻にしていきます。しかし世界の歴史を展望すれば別の可能性が見えてきます。

例えば、普仏戦争、第一次世界大戦、第二次世界大戦と対立を続けてきたフランスとドイツの場合です。長年の紛争の原因ともなったアルザス・ロレーヌの資源を共同管理としたことをきっかけにして現在のＥＵが作られ「ヨーロッパ市民」が現実になったように、現在の対立を乗り越えていくことは可能なのです。その知恵は、国民国家の境界を曖昧にする複合的なアイデンティティに内在すると考えます。もちろん、イギリスのＥＵ離脱の動きや、各地で排外的な政党が力をつけているなどの問題を見逃すことはできません。

二十年経った現在のハナのメンバーは、ＬＩＮＥで次回の交流について国境を越えて相談するなど、二〇〇〇年に始めた頃では考えられないような密接かつ直接的な交流を、夏冬の交流会以外の時期にもおこなっています。言葉の問題も、特に韓国の高校生たちは第二外国語で中学から日本語を勉強している生徒も多く、討論時は別として、普段は通訳をつけずに交流が可能です。

東アジアの未来の健全な発展のため、日本の学校でも隣国の言葉、韓国語や中国語とそれに付随した文化理解の授業をおこなうべきと考えます。もちろん、朝鮮学校生はバイリンガルですので、貴重な存在となっています。ハナのメンバーからは何の違和感もなく、「東アジア市民」という言葉が発せられていきます。

東アジア世界のことを考え、地域で行動できる東アジア市民

Think Globally, Act Locally.「世界のことを考え、地域で行動する」は、開発教育をはじめ、持続可能な開発のための教育（ＥＳＤ）やＳＤＧｓで使われる有名なスローガンです。Think Locally, Act Globally.「地域の問題を考え、世界大に行動する」と逆にして言うこともできるでしょう。

一九六〇年代、世界史教育の巨人、上原専祿は、僕たちが生きる直接の現場である「地域」と、日本という

国家と、そして東アジア世界とを「串刺し」にして統一してみる世界史的な見方を構想しました。[14]「地域」とは、中央に支配される「地方」とは異なります。上原によれば、地域は「共通の問題を担っている歴史的・社会的集団[15]」なのです。

さらに、上原は無着成恭などの生活綴方に注目し、「生活綴方による教育は、自分の問題を社会の場面に認識し、それを自己の責任で解決しようとする新しい型の人間をその教え子から創り出した」と高く評価しました[16]。生活綴方による教育、特に無着成恭がその著書『山びこ学校』[17]で示した実践は、元祖、参加型学習と言える教育でした。ＳＤＧｓをめざす教育（ＥＳＤ）や開発教育と、まさに符合する教育が、アジア・太平洋戦争の敗北直後の時代から存在していたのです。

敗北直後だからこそ、悲惨な戦争を率いた国家に騙されずに自ら探究する人間を育成する教育が望まれました。そして、植民地侵略をおこなった近代日本が侵略した地である東アジアに生きるものとして、平和な世界を創造するために、地域で問題を解決しようとする子どもたちを育成する教育に上原は注目したと考えられます。

定年をむかえ、大学で教えるようになり、高校の現場と離れてしまいました。しかし、右記のような日本の教育の伝統を噛みしめながら、東アジア世界のことを考え、地域で行動できる「東アジア市民」の自覚を持つ若者が少しでも多くなることを願って、これからも若者たちに関わっていきたいと思います。

(14) それが本来の「世界史」であったはずです。二〇一七年に公示された学習指導要領で新設された「歴史総合」は、そのような科目にならなくてはいけません。
(15) 上原専禄（一九六四）『上原先生・問題提起集録No１地域研究―その学問的意味と方法論の吟味―』国民教育研究所、二十三頁。
(16) 上原専禄（一九五四）「生活綴方と社会科学」『思想の科学』八月号、二十六～二十七頁。
(17) 無着成恭編（一九九五　初版：一九五一）『山びこ学校』岩波書店。

私のお薦め本②

『山びこ学校』

無着成恭編（一九九五年）岩波書店

アジア・太平洋戦争直後、山形の寒村での実践（初版一九五一年、青銅社）。山形は僕のルーツでもあります。新米教師無着は子どもたちに叫びました。「勉強とは、ハテ？　と考えることであって、おぼえることではない。そして、正しいことを正しいといい、ごまかしをごまかしであるという目と、耳と、いや、身体全体をつくることである。そして、実行できる、つよいたましいを作ることである」。

自分たちの生活と村の現実を綴ったガリ版刷りの文集を元にした子どもたちの議論が、彼の実践の真骨頂。村の改革を提言するなど、アクティブな社会参画をめざす、元祖、参加型学習です。

『被抑圧者の教育学』

パウロ・フレイレ著、小沢有作・楠原彰・柿沼秀雄・伊藤周訳（一九七九年旧訳）亜紀書房

教師になった頃のことです。フレイレのこの本は、知識を伝達する僕の「預金型教育」に徹底的にダメ出しをしました。

フレイレのいう、預金型教育の対極である対話的な学びの場を創る「問題化型教育」とは以下のようなものです。

キーワードが三つあります。まず、人々が抑圧的な社会状況と批判的に向き合い、変革の主体と自覚し自己解放を求める動きである「意識化」、そして、そのような状況から生み出される「生成テーマ」、最後に、人々が生成テーマを読み解く枠組みである「コード」。そのような概念によって織りなされるフレイレの教育哲学は、新自由主義的教育「改革」の嵐の中、今もなお、平和で公正な社会をつくるための教育の羅針盤となるでしょう。

現在流通している五十周年記念版は、版の違いの可能性もありますが訳が飛んでいる箇所（百三十二ページの第三段落と第四段落の間）もあり、誤訳と思われるもの（例えば、百七十ページ頭の「問題のある教育」は、フレイレの最重要タームである「問題化型教育」）もあり残念。

僕が編集を手伝った里見実さん訳の『私家版被抑圧者の教育学』がすばらしいものなのですが、残念ながら一般書店では手に入りません。里見さんが書いた『パウロ・フレイレ「被抑圧者の教育学」を読む』（太郎次郎社エディタス）と旧版の併読をお薦めします。

『指紋押捺拒否者への「脅迫状」を読む』

民族差別と闘う関東交流集会実行委員会編著（一九八五年）明石書店

僕に多文化共生の意味を教えて下さった故李仁夏（イインハ）牧師の言葉が残るこの本も大事な本です。「多文化共生」の言葉は、一般には一九九三年に使われたとされますが、一九九二年に神奈川と大阪で同時多発的に初めて使われたことを確認しています（風巻浩（二〇一七）「多文化共生教育を実践できる教員の養成を―公正な多文化共生社会構築をめざした市民性教育としての多文化共生教育―」『部落解放二〇一七年十月増刊号』）。

「多文化共生」という言葉ができる前夜の一九八〇年代、在日コリアンを中心にして、当時、在日外国人に義務づけられていた指紋押捺を拒否する運動が展開されました。これに対し、匿名の脅迫状が多数届くことになります。この本では、脅迫状に応える形で当時の運動の持つ意味が語られています。

仁夏牧師が言うように、この運動は、単に在日コリアンの自己解放をめざすだけではなく、日本人が差別体質を克服し、民族の違いを対等に認めあう、「共に生きる」社会の実現をめざすものでした。この「共に生きる」が「多文化共生」の原点です。

［第4章］環境と持続可能性の本質を問う学び

岩本　泰（いわもと ゆたか）

東海大学教養学部教授、日本環境教育学会代議員、日本シティズンシップ教育学会理事（大会・企画担当）。板橋区環境教育推進協議会委員（副座長）。
旅とまち歩き、音楽を聴きながらのんびりすることが好き。人と関わり、地域と関わること、学びづくりを考え実践することが生きがいです。

「環境」という言葉の問い直し

私が学校教員になったのは、一九九〇年代半ばで、環境教育が学校教育で注目されていた時期でした。今振り返れば、一九九二年のブラジル・リオデジャネイロサミットで開催された地球サミット後に、一九九三年の環境基本法制定、『環境教育指導資料』が文部省（当時）から刊行と、教育実践の意義が積極的に推奨されていた時期でした。さらに、赴任した学校は、いわゆる「受験校」ではなかったため、教員の自由裁量でおこなえる授業時間がありました。つまり、教科学習だけでなく、総合的な学習活動を考え、実践する機会に恵まれていました。

ただ、当時の私の教育観は、私が理科教員であったこともあり、環境問題がどのようにして起こるのか、科学的なメカニズムをわかりやすく教育することが重要だ、という考え方でした。しかしながら、自らの実践に対して、やればやるほど手ごたえの無さを反省するようになりました。また、環境にかかわる用語で、ある種の違和感を覚えることが増えていきました。

それは、「エコ」「環境にやさしい、地球にやさしい」という言葉です。ひびきの良い言葉ですが、こうした言葉を使っている人たちの間で、意味が同じなのか、そして私は教育実践でこの言葉をどのように扱うのか、言葉の本質を問い、自分の実践を反省することが多くなりました。こうしたことは、必ずしも子どもたちが知識を獲得することと、日常の環境に配慮した行動が必ずしも結びつかないのではないか、という別の問題にも直面してきました。

さらに、環境教育という教育実践に関わる実践者のコミュニティに対しても違和感を覚えていました。一般的に、環境教育には自然保護活動と公害問題解決、という二つの潮流があります[1]。特に、前者は動植物や自然環境が好き、また、自然は「保護の対象（保護する・保護される）」という関係性で活動に参加しているグループがいることがわかりました。

理科教員として、動植物や自然環境（生物多様性・生態系）に興味は持っていたものの、保護する・されるという主従関係よりも、人間活動の反省について考えることこそに本質があるのではないか、と考えるようになりました。こうした問題意識は、夜間大学院での学び直しにつながりました。

「ディープ・エコロジー」

今から考えると奇跡的な話ですが、東京学芸大学に新しい大学院ができる話を、かつての指導教官から聞き

（1）阿部治（二〇〇二）「環境教育」『開発教育キーワード51』開発教育協議会。

ました。実は、一九九〇年代後半になると、学校教育は学習指導要領改訂において、「総合的な学習の時間」の創設が中心的なトピックになりました。

そこで、主として現職教員向けに、「環境」「国際理解」「情報」を中心とした「総合教育開発専攻」（修士課程）ができました。画期的だったのは、夜間大学院（当時）として、すべての授業が平日は六・七限に開講、ほぼ毎日、日が暮れてから授業を受けられる、ということでした。これからの生き方に悩んでいた私は、この大学院を受験、入学して学び直しの機会を得ました。

大学院での授業はハードでした。日中は、本務校で自分の授業を担当し、夕方に急いで大学に向かい、夜の授業に滑り込む、というのが日常になりました。物理的なスケジュールだけでも大変だったのですが、問題は授業で使われる用語の理解でした。特に環境倫理に関する授業では、今まで深く考えたことがないことの連続で、ディスカッションについていくのがやっとでした。

特に私の「環境観」の礎になったのが、「ディープ・エコロジー」[2]です。環境論は、従来「人間中心主義」の立場から展開されることが多かったのです。しかし「ディープ・エコロジー」論では、人間中心主義の立場を問い直し、途上国における汚染や資源枯渇に向き合い、エコロジー問題を資源効率や人口抑制など、日常的・技術的レベルで科学的に解決しようとする立場と距離を置いていることがわかりました。また、「ディープ・エコロジー」を考えることは、考え方の問い直しと宗教的思想との関連も含めて考えるきっかけとなりました。

結果として、「ディープ・エコロジー」を考えることは、自らの理科教育実践を問い直すことになり、科学・技術は万能薬でないことに改めて気づくきっかけになりました。もちろん、こうした考え方は、既存の科学・技術や経済的枠組みと対立することもあり、賛否あることもわかりました。

しかしながら、当たり前に用意された教科書を単に「教える」ことだけでなく、その考え方の源泉を問い直すプロセスこそ、学習者にとって大切である、ということに気づくきっかけになりました。もやもやしていた「環境にやさしい、地球にやさしい」について、どのように考えるのか、きっかけになったと思います。

「持続可能な開発」

もう一つ、理解するのに時間がかかったのが、「持続可能な開発（Sustainable Development）」論です。環境とのかかわりで「持続可能な開発」概念のルーツを考えると、一九四六年に採択された『国際捕鯨取締条約』に関連して、国際捕鯨委員会（IWC：International Whaling Commission）等が水産資源の管理概念として採用した「最大維持可能漁獲量（MSY：Maximum Sustainable Yield）」という考え方から始まっていることがわかりました。(3) 主としてクジラを含む水産資源は、一定量以上の収穫をしてしまうと、資源の個体数が減少し、絶滅の危機に瀕するため、資源利用ができなくなってしまいます。そのため、人間の持続的な商業利用に向けて、資源量を科学的に管理する、ということの重要性が共有されました。

さらに、当時環境に関する研究会に参加することを通して、環境教育に対する新たなトレンドがあることがわかりました。それは、一九九七年にギリシャのテサロニキにおいて、「環境と社会に関する国際会議：持続可能性のための教育とパブリック・アウェアネス（International Conference on Environment and Society: Education and Public Awareness for Sustainability）」で合意された内容です。

この成果文書では、持続可能性を実現するには、教育と一般大衆の意識啓発（Public Awareness）が極めて重要であることが強調されました。これまで一九七五年にグルジア（現在のジョージア）のベオグラード・ワークショップに始まる環境教育に関する一連の成果を明記し、地球サミット以降の主要に国連会議で議論されてき

（2）アラン・ドレングソン編、井上有一共編（二〇〇一）『ディープ・エコロジー——生き方から考える環境の思想——』昭和堂。
（3）高橋正弘（二〇〇二）「持続可能な開発」『開発教育キーワード51』開発教育協議会。

た教育とパブリック・アウェアネスにかかわる価値や行動計画を踏まえることが共有されてきました。

こうした考え方は、「持続可能性のための教育」の内容として環境だけでなく、貧困、人口、健康、食料の確保、民主主義、人権、平和をも包含すること、そして近年の国際的な環境教育が「持続可能性のための教育」としても扱われ続けたことを鑑み、「環境と持続可能性のための教育」と表現しても構わないことなどが確認されるなど、成果文書に影響しています。(4)

水産資源管理という人間活動を問うこと、また環境教育は、環境だけでなく社会的な問題とのつながりや関わりを広く問う必要があることを学びました。一方で、環境と他の問題がどのように関わるのか、具体的に考える意識が強くなったものの、その具体的な事例についてあまりピンと来ていませんでした。さらに、持続可能に開発する、とはどういうことなのか、新たな問いも生まれていました。

公害問題との関連で議論することが多かったように思いますが、環境教育では、国際的な潮流として開発論より持続可能性に焦点を当て、「環境と持続可能性のための教育」としたことに、ある種の「ひっかかり」を覚えていました。それは、一九九二年のリオデジャネイロサミットで事務総長特別顧問だったイグナチ・サックスが記録していた文書が理由にあります。

「持続可能な開発」の考え方が創出された背景には、環境保護を優先するか、経済発展による開発優先か、という二項対立論が主流であった国際的議論において、もともとは ecodevelopment（環境重視の開発）という言葉が使われていたそうです。

しかしながら、環境重視という偏った立ち位置を修正し、アングロサクソン系の研究者等によって、Sustainable Development（持続可能な開発）と言い直された、という記録があります。(5) 持続可能な開発は、特に南北間の社会的衡平をねらいとして、地球環境の持つ限界に配慮し、無駄を省くような「開発」発展を国際的に図ることを求めていることもわかりました。

もちろん、あとで八〇年代からの議論の積み重ねにおいて、世代間・世代内の公平に関する議論等があることを学びました。しかしながら、当時の私の印象では、持続可能性という考え方だけ抽出しても、それまであった「エコ」「地球にやさしい・環境にやさしい」という言葉の言い換えだけであるばかりか、ある種の国際政治的な「きな臭さ」を感じたことを思い出します。むしろ、開発のあり方を教育として問う学びづくりにこそ、本質があるのではないか、ということを考えたものでした。

開発教育との出会い

さて、一九九〇年代の終わりから二〇〇〇年代にかけて、私は修士論文の執筆に邁進しました。主題として、アメリカでは、環境に配慮した行動をどのように育成するのか、行動科学を背景として蓄積があることに注目しました。

具体的には、市民として「責任ある環境行動（Responsible Environmental Behavior）を育成するフレームワークについて提案する、ということでした。「持続可能な」より、「責任ある」という言葉のほうが、中身のある言葉だと感じていたことを思い出します。しかしながら、いったい誰に対して、どのような責任を負うのか、その具体的な意味を繰り返し問うようになりました。

この当時、二〇〇二年に南アフリカのヨハネスブルクで「持続可能な開発サミット」が開催されることになり、関連して二〇〇五年から国連「持続可能な開発のための教育の十年」キャンペーンを提案するためのイベントが各地で展開されていました。

（4）阿部治・市川智・佐藤正久・野村康・高橋正弘（一九九九）「環境と社会に関する国際会議―持続可能性のための教育とパブリック・アウェアネス」におけるテサロニキ宣言」『環境教育』８（２）日本環境教育学会。
（5）イグナチ・サックス著、都留重人訳（一九九四）『健全な地球のために―二十一世紀にむけての移行の戦略―』サイマル出版会。

私は、学校教員で大学院生という立場で、このような関連イベントに参加するようになっていました。参加型のワークショップという教育手法も注目されていて、環境だけでなく、開発問題、平和、ジェンダー、人権問題など、多様な関係者が集まってディスカッションする場に参加することを通して、世界が広がっていった感じでした。

この関連イベントで、同じテーブルになったメンバーに、開発教育協会（DEAR）（当時は、開発教育協議会）の前代表で、当時立教大学大学院の田中治彦研究室に所属していた上條直美さんがいました。NGOのようなこれまでまったく接点のなかった人と教育について話し合うことで、大きな刺激を受けました。また、毎月東京・早稲田奉仕園で「開発教育入門講座」が開催されていることを教えてもらいました。そして、開発教育とはどのような教育活動かを、『パーム油のはなし—地球にやさしいってなんだろう？—』[6]で体験しました。

それは、ポテトチップス、チョコレート、カップラーメン、アイスクリームなどの原料になっているパーム油を通して、生産国で起こっている問題を知り、その問題の構造を理解し、さらに私たちの消費社会とのつながりを理解し、何ができるかを考えることをねらいとした教材です。大量消費・大量生産のライフスタイル、グローバリゼーション、プランテーション開発、先住民族、熱帯雨林、児童労働など、さまざまな課題のつながりを学習することができました。

持続不可能な開発としての児童労働

開発による東南アジアにおける熱帯雨林の破壊については、オラウータンの棲み処の破壊など、環境教育の中核となる内容ですが、私が衝撃を受けたのは、この教材に含まれていた一枚のフォトランゲージアクティビティ、生産現場の農園における「ミーナ」の生活のことでした。これまで、漠然と「環境のため」という意識から、彼女たちのような「奴隷労働」により、私たちの便利で快適な暮らしが成り立っている、ということを通して、「彼らのため」という学びの目的意識が明確化したことです。また、問題の複雑さを勘案し、構造的に学ぶことの重要性を学びました。ヨハン・ガルトゥングの「構造的暴力」という学びのキーワードも知りました[7]。

物理的・身体的な暴力だけでなく、社会構造（植民地時代の社会システム、カースト制度、格差・貧困など）によって、苦痛を強いられることも暴力だということを考えることで、これまで漠然としていた「誰のために」「何のために」学ぶかがはっきりしたことを覚えています。また、開発教育が参加・行動に学習者を誘うことを重要としていることにも深く納得することとなりました。環境と児童労働のつながりの理解は、私の学びの原点であり、具体的な事例を通して学ぶことの重要性は、今に至ると思います。

早速日常的に向き合っている子どもたちに、この教材を使って教育実践を試みました。当時、教鞭をとっていた、いわゆる課題集中高校では、生徒たちが「なぜ学校に行って学ばなければならないのか」という命題を毎日のように私につきつけていました。そのため、学びづくりにおいて「誰のために」「何のために」学ぶか、明確な答えを日常的に用意している必要がありました。

しかしながら、このパーム油教材の実践を通して、私たちが便利で快適な生活を送るために、彼女たちが児童労働を強いられているという事実は、その答えに気づきを促すことがわかりました。これまで苦悩してきた生徒たちの変容を実感することとなりました。毎日学校に行くことに疲れ、学びの意義を見失っている自分たちと対比して、学校に行きたくても行けずに、どんな人が農園で働いていて、健康被害や環境破壊にあっているのか、「構造的に理解する」きっかけになりました。こうした生徒たちの変容プロセスを考えることが、博士課程への進学と博士論文作成時の基礎になりました。

（6）『パーム油のはなし―地球にやさしいってなんだろう？―』開発教育協会。

（7）ヨハン・ガルトゥング著、高柳先男、塩谷保、酒井由美子訳（一九九一）『構造的暴力と平和』中央大学出版部。

大学での実践

博士課程でも、いろいろなことがありましたが、さまざまな先生方のサポートで、教育実践の場を大学に移すことになりました。先の見えないつらさの中で、今考えるととても本当にたくさんのみなさんにお世話になり、今があるなと感謝する気持ちでいっぱいになります。ちょうど大学に転職する時に、JICA横浜での開発教育教員セミナーに一般参加してK－DECのみなさんと出会い、事務局長の木下理仁さんに声をかけていただいて仲間に入れていただきました。

ただし、ちょっと予想外のことがありました。縁あって就職した大学学部が「教養学部」であった、ということです。そもそも「教養」って何だろう、ということに加えて私が所属した学部は、環境・芸術・国際の三つのコースで成り立っていて、いろいろあって学部共通科目「人間学」を担当することになりました。「人間学」は、学内講義で実施する「人間学1」（必修選択科目）と学外連携団体と協働するプロジェクト学習の「人間学2」（選択科目）の二つからなります。ちょうど文科省の大学GPプログラムの補助金がつく位置づけで「SOHUM」[8]プロジェクトがスタートしたところでした。

この授業（「人間学1・2」）には、ルールがありました。複数の専門性を横断して学ぶ目的で、異なる学科教員とのティームティーチングで実施する、ということでした。私は環境のコース所属でしたが、趣味で音楽が好きで、個人でヴィオラを弾くこともあるため、ちょうど音楽のオペラの先生のサポートも得て、地域と文化を考えるコースを開講しました。手づくりの創作音楽劇プロジェクトなど今考えると楽しかったのですが、一方で国際のコース学生には不人気で、新たなコースにリニューアルする必要性に迫られました。それが、現在まで続く「アースミュージアム」プロジェクトです。

「地球まるごと、博物館」をキャッチコピーとして、自然・歴史・民族・文化・宗教など挑戦的な授業カリキュラムづくりに挑戦しました。出張があるたびに各地の博物館・水族館・動物園・植物園を視察する、ということを繰り返しました。また、国際の教員からユネスコスクール支援のＡＳＰＵｎｉｖＮｅｔへの参加について打診されたこともあり、ユネスコ憲章の「戦争は人の心の中で生まれるものであるから、人の心の中に平和のとりでを築かなければならない」を教育でどのように考えるか、思案するようになりました。

フェア・持続可能な開発の本質を問う学び

このカリキュラムづくりでも毎年悩みながら実践をしてきたのですが、いろいろ挑戦して、はっきりしたことがあります。ユネスコ憲章のように、高尚な理念を知識として知るだけでは、問題解決に向けて行動や参加を誘うことにつながらない、ということです。これは、かつて環境科学的な知識理解の教育に終始していた自分の失敗につながります。大学に移っても基本は同じで、食やファッションといった具体的な衣食住のトピック学習を通して具体的に考え、「誰のため」「何のため」を確認することが重要だと思います。

これらを考える際に大きな影響を与えたのが、世界の子どもを児童労働から守るＮＧＯ、ＡＣＥ（エース）です。すでに論じたように、児童労働問題が私の人生を変えたといっても過言ではありません。ＡＣＥの会員にもなり、いろいろな勉強会を通して学びの機会を得たことが今につながります。

特に、彼らが作成した『このＴシャツはどこからくるの？―ファッションの裏側にある児童労働の真実―』は、かなり完成度の高い教材で、かつてパーム油のミーナの存在を知ったときと同様、かなりの衝撃を受け、

（８）〝ＳＯＨＵＭ（ソヒューム）〟とは、ソーシャル・ヒューマンウェアの略。教養学部の学生たちが専門能力を生かして協働しながら、それぞれが役割を担い、社会的な課題を解決する行動力を磨く教育プログラムです。社会を形成している基盤や仕組み、自らの技能や知識といったハードとソフトを動かすヒューマンウェア（＝社会的役割を担う力）を、一人ひとりが身につけることを目標としています。

大学の授業だけでなく、地域の教員研修としても使用させていただきました。(9)

この教材を通して特に考えたのは、倫理的（エシカル）消費によって社会を変える、というアプローチです。これは、K-DECの磯野昌子さんたちが逗子で始めた、まちぐるみの「フェアトレードタウン」活動（第10章参照）に学生たちと参加させていただけたことで、再確認しました。

現在の「アースミュージアム」プロジェクトでは、環境・経済・社会のつながりやかかわり、地域や文化の価値を考えることを授業のねらいとして位置づけ、教育実践を展開しています。特に、過度の商業的な利益や経済的な効率性追求といった点に対して批判的思考を持ち、一人ひとりが共に生きることができる公正な地球社会づくりへの具体的な参加について考え、行動する人を育てることを重要視しています。二〇一九年十一月には、ACEのコットンプロジェクトのフィールドを学ぶインドのスタディーツアーにも参加し、インドの現状の視察経験を通して、プロジェクトベースで社会を変える（transform）教育実践を試行錯誤しています。

逗子フェアトレードタウン会でのインドスタディツアー報告

これから学びづくりをしたいみなさんへ

最近は、ファッションをテーマにしたプロジェクトを続けようと思っています。「フードロス」だけでなく、服も過剰生産で大量に廃棄されていること、そして二〇一三年四月二十四日にバングラディッシュのダッカの縫製工場で起きた「ラナプラザ」事故など、構造的な問題とかかわりがあることに注目が集まっています。特に、二〇一五年の映画『ザ・トゥルー・コスト―ファストファッション真の代償―』[10]は、問題を告発し、社会に問う映画として注目を浴びました。

近年はＳＤＧｓの影響で「サスティナブルファッション」なる言葉が販促で使われているようです。ただ、立ち止まって「サスティナブル（持続可能性）」の本質を問うことをお勧めします。産業界で本気で取り組んでいないのに「エコ」といった言葉を使うことは「グリーンウォッシュ」と言って批判されています。[11]

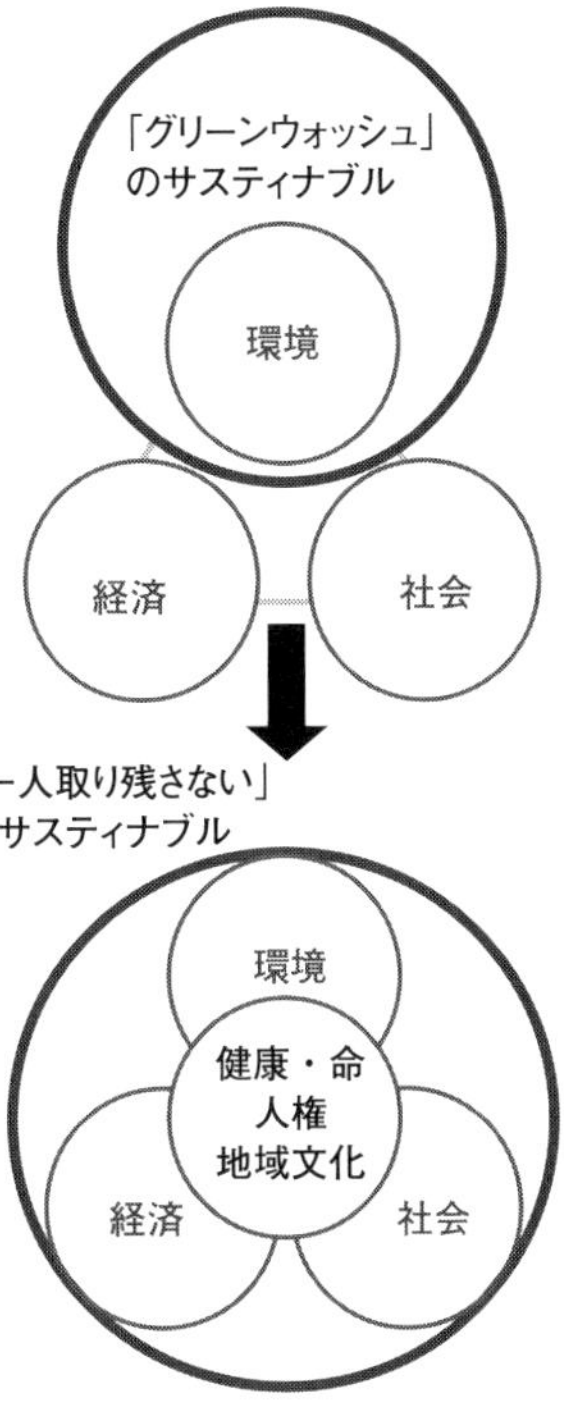

「グリーンウォッシュ」のサスティナブル
環境
経済
社会
「誰一人取り残さない」真のサスティナブル
環境
健康・命
人権
地域文化
経済
社会

図１　サスティナブルの本質（岩本）

最後に、これから環境と持続可能性について学びづくりをしてみたい人のために、その本質を問うための手がかりになるよう、図１にしてみました。

どうも近年、サスティナブルがエコの延長線のように、狭い意味で捉えられているように感じます。リサイクル、CO_2排出削減したら、サスティナブルだ、というのは、あまりにも微視的で問題解決

(9) 岩本泰「倫理的（エシカル）消費を鍵概念としたＥＳＤの可能性―『このTシャツはどこからくるの？―ファッションの裏側にある児童労働の真実―』教材を事例として―」（二〇一七）『環境教育学研究 第二六号』東京学芸大学環境教育研究センター。

(10)『ザ・トゥルー・コスト―ファストファッション真の代償―』（二〇一五）アンドリュー・モーガン監督。

(11) 岩本泰・室田憲一「地域で考える「ＳＤＧｓの教育」の意義～東海大学教養学部 SOHUM「アースミュージアム」プロジェクトから～」（二〇二〇）『年報№一四』日本環境教育学会関東支部。

の本質に迫っていません。

これからは、もっと批判的思考で学び手が「モノ言う消費者」になるよう、議論してみてはいかがでしょうか。確かに、リサイクルやCO_2削減も、しないよりはいいのですが、これからの環境にとって本当に大切なことは何でしょうか。私は、何よりも人の命と健康、人権や地域文化の尊重まで視野に入れた広い視野で、「誰一人取り残さない」真の「サスティナブル」を問う学びづくりを期待しています。

そのためには、未来への「レスポンシビリティ（責任）」が問われます。開発教育が「開発を問う」教育であるのと同じように、「環境・サスティナブル（持続可能性）の本質を問う」学びづくりが、これからたくさん実践されることを期待しています。そんな学びづくりの輪が広がったら、私や学生たちも仲間にしてください。

私のお薦め本③

『レスポンシブル・カンパニー――パタゴニアが40年かけて学んだ企業の責任とは――』
イヴォン・シュイナード、ヴィンセント・スタンリー著、井口耕二訳（二〇一二年）ダイヤモンド社

今や、環境配慮企業のトップランナーであるパタゴニア。元々、アメリカのクライミングメーカーとして、「ピトン」（岩肌を傷つける器具）が売れれば売れるほど、自然が傷つけられることに心を痛め、販売をやめたこと、代わりに、岩肌を傷つけない「チョック」を開発し販売したことが、パタゴニアの自然保護・環境問題を意識するきっかけであることなどが紹介されています。

現在の〝持続不可能〟な世界で、企業は何をすべきか、とりわけ工業的に生産されたコットンからオーガニックコットンへ、わずか十八ヶ月で全量を切り替えるなど、なぜそのような意思決定をしたのか、その結果、事業がどのように改善し、強化されたのか、社会や環境に対する責任を全うしようと一歩を踏み出すと、どのようにして次の一歩につながるのかなど、パタゴニアが四十年かけて学んだ企業の責任から、さまざまなことを考えるきっかけになります。

とりわけ、使い勝手の良い「持続可能な」「サスティナブル」という言葉の本質を考えさせられました。例えば本書の中では、以下のように論じられています。

「我々ができるかぎり使わないようにしている言葉がある――「持続可能性（Sustainability）」だ。元に戻せるよりも多くの自然を消費しないなら、この言葉が使える。だが、我々は戻せるよりも多くを使っているし、守る自然よりも損なう自然が多い。自然の再生する力や豊かな生命をはぐくむ力を阻害せずに衣食住をまかない、生活を楽しむ――そのためのエネルギーも確保する――ことができる日まで、持続可能という言葉を事業に冠するなどしてはならない。（四十一頁）」

さて、みなさんは、どのように考えますか？

『チェンジの扉――児童労働に向き合ってきづいたこと――』

認定NPO法人ACE著、安田菜津紀写真（二〇一八年）集英社

児童労働問題に向き合って、解決に向けて行動をし続けてきた認定NPO法人ACE。彼らの解決に向けた行動や作成された教材で、私たちの世界における構造的な格差や貧困問題の根深さについて考えさせられ、問題解決に向けた私たちの学びづくりに大きな影響を与えてきました。本書の冒頭では、パーパス（Purpose＝究極的な存在意義）について、以下のように記されています。「私たちは、子ども、若者が自らの意志で人生や社会を築くことができる世界をつくるために、子ども、若者の権利を奪う社会問題を解決します」。

本書では、児童労働という問題に向き合ったことをきっかけに、自分の人生を取り戻した子どもたちやその親、地域の人たちのストーリーを、フォトジャーナリスト・安田菜津紀さんの写真と共に紹介しています。

同時に、彼らの変化に触れたACEスタッフそれぞれが、いかに自身の人生の意味や目的を再確認し、自らの変化に向き合ったのか、たくさんの「チェンジ」のつながりから生まれたお話が記されています。ACEが二十年間を通じて児童労働に向き合い、気づいた大切なこと、それは、自分の人生は自分で選べること、そのチャンスは誰にでもあること、そうしたことに気づいたとき、初めて「チェンジの扉は開くのだ」と語りかけています。私自身も「チェンジの扉」を探しに行きたい気持ちが高まって、実際にACEのインドのスタディツアーに参加しました。この本を通して、「チェンジの扉」の先に何があるか、問題解決に向けて学び、行動する人が増えることを期待します。

『SDGsと学校教育　総合的な学習／探究の時間―持続可能な未来の創造と探究―』

小玉敏也、金馬国晴、岩本泰編著（二〇二〇年）学文社

本書は、主として学校教育の「総合的な学習／探究の時間」において、SDGsの学びの機会創出、問題解決学習から持続可能な世界に向けての参加・行動を促す、ということを意識して、教育研究者や教育実践者による研究会が開かれ、その成果を刊行したものです。まさに「変革を促す教育：transformative education」は、どのように実践するか、基本的な考え方や先進的な実践事例、コラムが紹介されています。

子どもたちには、学びづくりに向き合う人の姿勢や誠実さを、つくり手の日常の立ち振る舞いや言動を通して見抜く力があると思います。学びづくりに誠実に向き合う人には、苦心する姿に共感し、「深い」学びの輪に参加する雰囲気が醸成されます。SDGsのように地球規模の諸課題や横断的な地域課題を教育の内容とするとき、学びのつくり手は正答を教授する存在ではなく、学びのリーダーとしてどこが難しいかを示したり、わからなくて困っていることを正直にさらけ出したりすることで、「共に学ぶ」関係性構築の第一歩になるのではないでしょうか。そのための学びのプロセス、調べる・比較する・データを示す・まとめる・発信する…、など探究の面白さを楽しむこと、各執筆者がどのような問題意識で学びの「問い」を持っているのか、

推察しながら読むのも楽しい内容になっています。問題構造のつながり・ひろがり・かかわりを総合的・横断的に想像し、持続可能な未来を創造するエンパワーメント（empowerment：人がもっている能力や可能性を引き出すこと）が求められていることについて、本書を通してみなさんが考えるきっかけになることを期待します。

第2部

地域・NGO編

―地域を掘り下げ、世界とつながる―

［第5章］「多文化共生」を考える

―朝鮮学校の子どもたちのことを知って―

木下理仁（きのした よしひと）

東海大学教養学部国際学科非常勤講師、かながわ開発教育センター事務局長。
落語家としての活動と温泉が好き。若い世代が新しい学びのスタイルを創り出すのを応援したいです。

転校生の不安と緊張

子どもの頃、私はいつも転校生でした。

小学校三つ、中学校三つ。幼稚園も二つ行きました。転校するたび、ものすごく大きな不安を感じ、緊張していました。新しい学校で同級生に受け入れてもらえるだろうか。からかわれたり、仲間外れにされたりしないだろうか。とくに気になったのが「ことば」です。新しい土地に引っ越すと、母親の買い物についてスーパーに行ったりしたときに、まわりの人たちのことばに耳を澄ませました。「ここでは、こんなふうに言うんだ」と、子どもながらに一生懸命、その土地の方言やイントネーションをおぼえようとしました。

そして、最初の登校日。小学二年生で初めて転校したとき、体育館に集まった同学年の子どもたちの前に数人の転校生が並び、一人ずつ自己紹介をしたときのことは、いまでもはっきりと憶えています。「きのしたよしひとです」と、自分の名前を言っておじぎをするのがやっとでしたが、その土地の人たちのイントネーションを一生懸命まねて言いました。今から思えば、顔を真っ赤にしながら言ったその一言は、誰が聞いてもおかしなイントネーションだったにちがいありません。

マイノリティの立場から

でも、考えてみれば、たいていの人は、何かしらこれに類する経験をしたことがあるのではないでしょうか。つまり、自分が「マイノリティ（少数者）」の側に立って、不安を感じる経験です。私と同じように、マジョリティ（多数者）に受け入れてもらおうと、必死に努力した人もいるかもしれません。マイノリティの立場から考える、というのが、私が「多文化共生」を考えるときの起点になっているような気がします。

現在、日本には約三百万人の外国人が暮らしています。日本に帰化した人や、いわゆる「ハーフ（ダブル、ミックス・ルーツ）」で日本国籍をもつ人、その子や孫など、何らかの形で外国にルーツをもつ人を含めれば、四百万人、もしかしたらそれ以上になるかもしれません。また、アイヌや琉球民族など、「日本人・和人・ヤマトンチュ（大和民族）」とは異なるアイデンティティをもつ人たちもいます。

そうした人たちは、日本の社会ではマイノリティです。日本語が話せない、読めない、書けないことで、不自由を感じているかもしれません。マジョリティの側の偏見や差別に憤ったり、つらい思いをしたりしたことがあるかもしれません。そうした人たちの気持ちを理解しようとするとき、自分の中にある「マイノリティ体験」と照らし合わせて考えてみると、少しは何かわかるかもしれないと思うのです。

朝鮮学校の子どもたちに向けられた暴力を知って

横浜のあーすぷらざ（地球市民かながわプラザ）という施設で、二〇〇〇年から毎年開催されてきた「あーすフェスタかながわ」というイベントがあります（二〇二〇年は新型コロナウイルスの影響で中止、二〇二一年はオンラインで実施）。神奈川県が中心となり、県内の民族団体や市民グループなどが実行委員会を組んで企画、運営しています。在日韓国人の民族団体である在日本大韓民国民団（民団）神奈川県地方本部や、朝鮮系の民族団体の在日本朝鮮人総聯合会（総聯）神奈川県本部もそこに参加しています。

朝鮮学校。民族舞踊部によるステージ

あーすフェスタが始まってからの数年間、当時、神奈川県国際交流協会（現・かながわ国際交流財団）の職員だった私は、あーすフェスタの事務局という立場でこのイベントに関わっていたのですが、あるとき、実行委員会の中心メンバーが集まる会議で、朝鮮学校の元校長からこんな話を聞きました。

「最近、学校へのいやがらせがひどくて……。学校にいやがらせの電話がかかってくるだけならまだしも、子どもたちが石を投げられたりするんで、本当に危なくて。登下校の時間は、教師と保護者が駅から学校までの通学路に立って見守りをしてるんです」

朝鮮学校は、第二次世界大戦が終わったとき、日本で暮らす朝鮮半島出身者が、その子どもたちに祖国のことばと文化を教えるために始めた学校で、現在、全国に約六十校あります（これとは別に韓国系の学校も数校あります）。昔から朝鮮民主主義人民共和国（北朝鮮）の支援を受け、たとえば高校三年生が修学旅行で北朝鮮を訪問するなどの交流があるのですが、二〇〇二年秋の日朝首脳会談で北朝鮮による日本人拉致の事実が明らかになったことが、そうした暴力の引き金になったようです。

それを聞いたとき、思わず口をついてことばが出ました。

「それって、おかしいですよね。子どもたちに石を投げるのは日本人でしょ。日本の社会で起きている日本人の問題なのに、朝鮮人だけで子どもたちを守って、日本人は何もしないなんて。子どもを守るのは、大人の責任ですよね。同じ社会で暮らしている大人として、日本人も行動すべきじゃないですか。子どもたちが安心して学校に行けるように、日本人も通学路に立って見守るとか。一年中、見守りに立つのは難しいとしても、たとえば新学期がスタートする時期、入学式のシーズンだけでも安心して学校に行けるように、そういう活動をするとか」

朝鮮初級学校。入学式の一コマ

このときの私の発言がきっかけとなって、神奈川県内のNGOや各種団体のメンバーが中心となり「入学おめでとう応援隊」の活動が生まれ、今も続いています。

神奈川県内および東京都町田市にある四つの朝鮮初級学校（小学校）の入学式を訪ね、ハングルと日本語で「入学おめでとう」と書かれたオレンジ色ののぼりを持ってお祝いするというだけのささやかな活動ですが、この四つの学校では、毎年の入学式でおなじみの光景となっています。

共に行動することの重要性

初めて「応援隊」の活動をしたときは、保護者の方々から思いがけない反応があり、びっくりしました。いただいたお手紙の中からいくつかご紹介させていただきます。

「今、緊迫した情勢の中で、我が子が入学式を迎えるにあたって、親としてはとても複雑な心境でありました。世間では、朝鮮学校へ通う子どもたちを快く思っていない人たちも少なからずいることでしょう。そんな中、四月五日、小雨の降る寒い日、『入学おめでとう』の旗をかかげて応援してくださった応援隊のみなさんの姿に、どんなに勇気づけられたことでしょう。また、子どもたちの通学路まで見守ってくださり、これより心強いことはありません。涙の出る思いでした。『朝鮮学校へ通う親子を応援してくれる日本の方たちがいる！』何よりうれしいことです。ピカピカの一年生の我が子も、皆さんの応援に背中を押され、これから始まる学校生活を楽しんでいくことでしょう。これからも、温かく見守ってください。」

「玄関のドアを開け、学校に着くまでの間、そして、横浜駅の公衆電話から我が子の声を聞いてから家に着くまでの間、毎日、緊張しながら時を過ごしています。正直言って、こんな不安を抱えながらわざわざ遠くのウリハッキョ(1)に通わせずに、近くの日本学校に通わせようかと思ったこともありますが、子どもがウリハッキョに通いたいと言います。そんな中で、今回、ＮＰＯ団体の方が朝鮮学校に通う子どもたちのため、貴重な時間をさいて大変なご活躍をしてくださり、本当に感謝しております。私たちも大変勇気づけられ、励まされました。」

それは、「マイノリティの立場から考える」だけでなく、「マジョリティの責任を理解し、社会の状況を変えるために共に行動する」ことの重要性に気づかされた瞬間でした。

高校生・大学生と朝鮮学校を訪ねて

私はときどき朝鮮学校に大学生をつれて行きます。毎年十一月におこわれる神奈川朝鮮中高級学校（中学・高等学校）の文化交流祭は、いろいろなステージ・プログラムや展示、さらには校庭にたくさんのテーブルを並べ、七輪を囲んでの大焼肉パーティーまである、とても賑やかなお祭りです。華麗な民族舞踊や民族楽器の演奏、民族衣装の試着や朝鮮の文字を教えてくれるコーナー、修学旅行で訪ねた祖国、朝鮮民主主義人民共和国のことを紹介する展示もあります。

ある年の文化交流祭では、校舎の入り口に美術部の生徒が作った大きな作品がありました。透明のビニールで囲まれた四角い枠の中で、下からの扇風機の風でたくさんの風船が舞い上がり踊っています。よく見ると、風船のひとつひとつに、いろんな言葉が書かれていました。「朝鮮人が何で日本にいるんだよ」「朝鮮はテロ国家ｗ」…。作品のタイトルは「死にゆく物」。解説には「科学の発展によりインターネットに誰もが情報を公表できる事が可能になった事によって、人は無責任な言葉を平然と書き込み、今もただ言葉の価値を劣化させてゆく」と書いてありました。

美術部の作品

日本で生まれ育った彼／彼女らは、当然のことながら、常に日本のメディアが流す情報に接し、ネットでも日本語の書き込みを読んでいます。否応なしに自分たち「朝鮮人」に向けられる視線や、いまの日本の社会状況を意識せざるを得ません。多くの日本の高校生よりも、社会のありようについて考えること

（1）「私たちの学校」朝鮮学校のこと。

が多くなるのは当然のことでしょう。

朝鮮学校を訪ねた日本の大学生が例外なく口にするのは、「朝鮮学校の生徒は、みんな、しっかりしてる」という感想です。同じ時代、同じ社会に生きていながら、そこにある問題についてどれだけ考えているか、自分たちとの違いに気づいて、ハッとさせられる学生が多いようです。

映画『まとう』を一緒に見て

日本の高校生たちと一緒に朝鮮学校を訪ねたこともあります。そのときは『まとう』[2]という短編映画を一緒に見て、ワークショップ（意見交換）をおこないました。

『まとう』は、日本の学校に通う少女が、朝鮮学校に通う少女と偶然出会って仲良くなり、「可愛いから」といってチマチョゴリを借りて着てみたときに、朝鮮人に対する周囲の目とそれによる恐怖を感じ、朝鮮学校に通う友人のアイデンティティについて考えはじめるという物語です。一九九〇年代に相次いだ、いわゆる「チマチョゴリ切り裂き事件」がモチーフになっています。

この映画を見た感想を聞くと、日本の高校生たちは「驚いた」「怖い」と答え、一方、朝鮮学校の生徒からは「悔しい」ということばが多く聞かれました。ワークショップでは、その感じ方の違いがどこからくるのかをていねいに探り、そのギャップを埋めていくためには何が必要なのかを話し合いました。

朝鮮学校の生徒たちは当然、チマチョゴリ事件のことを知っています。自分たちの先輩がそのような暴力の被害者になったという認識を持っているのです。「悔しい」という言葉の裏には、過去の歴史を踏まえての思いなど、複雑な感情があるのではないでしょうか。

一方、日本の高校生たちは、そのような事件があったことをこの時、初めて知り、驚いていました。知っているか、知らないか。認識の違いが隔たりを生み、誤解や偏見につながり、そして、何かきっかけがあると、差別や暴力が起きる原因にもなり得るのではないかと思います。

しかし高校生たちは、しばらく一緒に話しているうちに、互いの「違い」よりも、ずっと多くの「同じ」があることに気がついたようでした。自分と同じアイドルが好き、サッカーが好き、コンビニ・スイーツが好き、数学は苦手などなど。自分と同じふつうの高校生なのに、なぜ、差別や偏見があるのか。それは理不尽じゃないかという思いが自然と湧き上がってきたようです。

後日、「朝鮮学校の皆さんへ」と題して日本の高校生たちが書いた手紙には、こんなことばがありました。

「今回、在日コリアンについて勉強をして、こんなつらい思いをしている人がいるのに、今まで何も知らなかった自分が本当に恥ずかしくて、申し訳なかったです。みなさんの話を聞いて、きちんとした考えをもってしっかりしていて、自分も見習わなきゃなあと思いました。そして、私たちにも何かできることはあるかな…と考えさせられました。周りの朝鮮人に対する印象もこれから少しずつ私たちもいっしょに変えていきたいなあと思います。これから少しずつ、友達や家族に、こういう過去があったんだよ、こういう思いをしている人や経験をした人がいるんだよ、ということを伝えていきたいと思います。こんど文化祭に行くので、またお話がしたいです。また会ったときはよろしくお願いします。今回は本当に交流できてうれしかったし、

(2)『まとう』(二〇一〇)監督・脚本:朴英二、出演:池澤あやか、SUNN、ハ・ヨンジュン他。公式ホームページ http://matou-movie.com/

楽しかったです。本当にありがとうございました。」

「メディアの情報ばかりを受け入れて、朝鮮の人たちに距離を置いていた自分がとても恥ずかしく思ったし、嫌になりました。」

「学校に行って皆さんとお話ししているうちに、国や歴史は違っても同じ高校生なんだなとか、K－POPやAKB48が好きと言っていた方もいて、身近にかんじました。まだまだ知らないことだってたくさんあるし、カンペキに朝鮮の人の気持ちになって考えることはもしかしたら出来ないかもしれないけど、少しでも多くお互いの溝を埋めていって、私たちがもっと大人になった時には、歴史とかを全部理解したうえで仲良くなれたらいいなと思ったし、そうできるように私自身に何ができるだろうと考えなければいけないなと思いました。」

開発教育と「多文化共生」

人と人との出会いが、気持ちや意識の変化をもたらす。そしてそれが、何かのきっかけを得て、行動につながることがある。その行動というのは、「共に生きる」ために社会のありようを変えていくための行動です。

「多文化共生」というテーマは、私たちのすぐ身近なところに「現場」があるので、そこで起きている事柄をていねいに見ることによって、自分もその「当事者」なのだという意識をもつことができます。その「変化」を起こすための「仕掛け」を考え、実践し、実際に目の前でその「変化」が起きるのを見ることができる。それが、「多文化共生」をテーマに開発教育に取り組む醍醐味かもしれません。

私のお薦め本④

『パパラギ―はじめて文明を見た南海の酋長ツイアビの演説集―』

岡崎照男訳（一九八一年）立風書房

学生時代にこの本と「出会った」ときは、もう、おもしろくておもしろくて、夢中になりました。

南太平洋の島に暮らす酋長ツイアビが、ヨーロッパ人を観察して、その愚かさについて村人に語った演説集。「パパラギ」とは、白人のことです。

たとえば、パパラギは、一日を小さく切り刻んで「時間」「分」「秒」と名づけ、手首に革ひもでしばりつけた丸い小さな機械を見て、「もう一時間も過ぎてしまった」と嘆いたり悲しんだりする。そのときはもう次の新しい時間が始まっているというのに。

「あたりまえを疑う」ことによって、思い込みや偏見に気づき、ものごとの本質を見極めようとすることは、開発教育の最も大事な部分ではないかと思います。『パパラギ』は、四十年経った今もなお、私たちに、「これでいいのか?」という問いをたくさん投げかけています。

『茶色の朝』

フランク・パヴロフ著、藤本一勇訳（二〇〇三年）大月書店

知らないうちに忍び寄る戦争の恐怖。平和な日常が少しずつ変化していき、人々はその都度、小さな違和感を感じます。しかし、それを「まあ、しかたがない」と考えれば、ちょっと我慢をすることで、大した問題もなくやり過ごすことができます。しかし、その数々の小さな変化が戦争の予兆だったと気づいたときには、もう後戻りできないところまで来てしまっているのです。

『茶色の朝』は、そのことを、わずか十数ページの非常に短いストーリーの中に巧みに織り込み、わかりやすく教えてくれます。ちなみに茶色という色は、ヨーロッパではナチスやファシズム、極右を連想させる色だといいます。

この本を元に演劇ワークショップを作ったことがあります。物語を四つのパートに分け、別々のグループが他のパートの内容を知らないまま、担当になったパートを稽古し、最後にそれを通して演じてもらいます。参加者からは、練習のときは楽しく笑いながらやっていたけれど、物語の結末を知り、自分たちが演じた個々のエピソードの本当の意味に気づいて背筋が寒くなったという感想が聞かれました。

『FACTFULNESS（ファクトフルネス）―一〇の思い込みを乗り越え、データを基に世界を正しく見る習慣―』
ハンス・ロスリング、オーラ・ロスリング、アンナ・ロスリング・ロンランド著、上杉周作・関美和訳（二〇一九年）日経BP社

二十一世紀に入り、世界はものすごいスピードで変わっています。かつて「途上国」と呼ばれた国でも、多くの人がスマートフォンを手に、ネットを通じて世界中の情報を入手し、SNSを利用して多くの人とつながっています。

この本は、一九九〇年代までに国際社会のことを学んだ私たちの「常識」が、もはや通用しなくなっていることを、数々のデータをもとに明らかにして、世界中の人々に衝撃を与えました。

著者の一人、アンナ・ロスリング・ロンランド氏が中心となって進めたプロジェクト「Dollar Street」のウェブサイト（https://www.gapminder.org/dollar-street/）では、世界各国の家族の様子が写真で紹介されていますが、それぞれの家族のライフスタイルは、「国」の違いよりも「収入」の違いによって決まっていることが見てとれます。

［第6章］フィリピンに学んだ「わかちあい共に生きる」NGO実践

田中祥一（たなか しょういち）

高校教員。

ふれんどしっぷASIAやAPEX（アジア民間交流グループ）などのNGO活動に理事やボランティアとして参加。

海辺や山頂でぼやーっと景色を眺めることが好き。最近は「何も引かない、何も足さない」庭づくり（有機農法的に）が目標。

フィリピンに学ぶ

一九八六年四月、田んぼに囲まれた高校に教員として配属されましたが、自分とはあまりにもライフヒストリーが違う生徒たちに面食らいました。

茶髪、変形制服、喫煙、改造バイク。授業中に廊下ですわりこんで話していたり、学校を抜け出す生徒も。入学したのもつかの間、予期せずに授かった子どもをどうしても産みたいと退学する生徒がいれば、親の離婚がきっかけで学校に来なくなる生徒もいました。自分と似た境遇の友人としか付き合ったことがなかった私は、初めて世の中の広さと多様さに触れたのでした。彼らの気持ちに寄り添えなかった私は早々に行き詰まり、転機を探していました。ちょうどその頃、大学時代の友人から、私たち共通の恩師の世話でフィリピンに体験学

1989年フィリピン体験学習にて。後列真ん中が著者

習に行くという話を聞き、私も参加させてもらえないかと頼んだのでした。

一九八九年八月、私は初めてフィリピンの土を踏みました。マルコス独裁政権が民衆運動によって倒された後でした。まず、観光客がほとんど行かないネグロス、ミンダナオという中部南部の島で八日間を過ごしました。戦後日本の高度経済成長を支える建設資材の切り出しによって、この両島の広大な面積がはげ山と化したのだと聞かされました。大量に切り出したラワンは、皮肉にもタガログ語で「豊かな森」を意味するのだそうです。

ミンダナオ北部のディポログ市で、はげ山の緑化に人生をかけていた池田広志さん(1)や、当時「飢餓の島」と呼ばれたネグロス島で、収入改善のために養蚕や養鶏を紹介していた水野文雄さん(2)という、日本人NGOワーカーの素晴らしいお仕事ぶりに感嘆しました。お二人とも地元の人々とともに働き、尊敬を集めていました。

その後、首都マニラに戻ると、フィリピンの問題がはっきりと見えました。ドブ板を渡って訪ねたトンド地区のスラムでは、見ず知らずの日本人を掘っ建て小屋の中に招き入れてくれました。冷たい飲み物を勧めてくれる住民に、心の底から感謝しました。マニラ首都圏のゴミの集積場であるスモーキーマウンテンは、肌にまとわりつくような暑気と発酵臭、煙、そして黒い水たまりという環境でした。かごを背負った子どもたちが大人に混じって裸足で、換金できる金属やプラスチック類を拾い集めていました。

その翌日は、最貧困の人々のすぐそばにあるマラカニアン宮殿を訪ねました。マルコス元大統領夫妻の服、靴、かばん、傘、食器類などの数千点の「コレクション」と、贅沢を極めた内装に驚嘆です。墓守が住む大理石造りの中国人の墓、日本のODAで建てられた近代的な貿易研修センタービルもすぐそばです。日本で見たことがなかったこの果てしない格差には、本当にため息が出ました。

そして、最もショッキングだったことは、太平洋戦争中に旧日本軍兵士に親族を虐殺された人の話を聞いたり、「バターン死の行進」[3]、「マニラ大虐殺」[4]について知ったことでした。それまでの歴史学習でも、報道でもまったく聞いた記憶がなかったこの話には耳を疑いました。今までの自分の世界観が崩れ去るようなショックを受けて、フィリピンを後にしたのでした。

自己変容の始まり

帰国してからフツーに色々なことが気になり始めました。センサーが百倍くらい敏感になりました。『バナナと日本人』[5]、『死を招く援助』[6]などの開発関係の本や太平洋戦争に関する本を読み漁りました。NGOや開発

(1) 故人、当時オイスカミンダナオ農林研修センター所長。
(2) 当時オイスカ西ネグロス農業研修センター所長。
(3) アジア太平洋戦争中の一九四二年、フィリピンの一部を占領した旧日本軍が、米比軍捕虜とフィリピンの民間人を含む三万人とも七万人とも言われる人々を徒歩で、バターン半島マリベレスから約八十キロ移動させました。
(4) アジア太平洋戦争末期の一九四五年に、旧日本軍が占領していたマニラを、米軍を中心とする連合国軍が奪回しようとする戦闘があり、約十万人の民間人が犠牲になりました。この中には、反逆への不安感から、旧日本軍が住民を教会に閉じ込めて焼き殺すなどした虐殺による死者が相当数含まれると言われ、証言も多数あります。
(5) 鶴見良行（一九八二）『バナナと日本人—フィリピン農園と食卓のあいだ—』岩波書店。バナナをテーマにした日本とフィリピンの搾取的な関係史。
(6) ブリギッテ・エルラー（一九八七）『死を招く援助』亜紀書房。バングラデシュへの政府開発援助が貧しい民衆の生活をさらに苦しめているという報告。

教育の集会にも参加し、開発教育の古典的名教材である「貿易ゲーム」[7]を知ったのもこの頃でした。

貿易ゲームとは、低開発で経済的に貧しい国々が不利になる貿易の構造を、作業を通じて体験するシミュレーションゲームです。ワークショップやフィールドワークにも参加し、多様な考え方、世の中の見方を学びました。『教えられなかった戦争』[8]などのドキュメンタリー映画もよく見に行きました。次々と自分の知識の枠を超える学びに触れてわくわくし、「初めて」学ぶ楽しさを感じました。

自己変容はプログラムされていた

私がこのように変わるという筋書きは、実はフィリピン体験学習に織り込まれていたのでした。私が参加した体験学習は、大学の恩師、雨宮剛先生が企画、実行したものでした。先生は一九八八年から二〇〇二年までの間に、フィリピン十六回、タイ十一回の体験学習に、学生のべ百四十人を送り込みました。先生は当時使われ始めた「スタディ・ツアー」という言葉を嫌い、あえて「体験学習」と呼びました。学習や研究の対象として見て頭で考えるのでなく、生身でアジアの庶民の中に飛びこみ、彼らと同じ目線で感じ取れとおっしゃいました。

先生の言葉によれば、「貧しき人びとに重点を置き多くの人に会う。労働に汗し、粗食を味わい、語り合う。生きることを問い直し、社会不正に対する怒りを感じ、フィリピンに照らして日本を見つめる。過去の真実を知って正しい戦争認識をもつ。真のボランティア活動とは何か、真の国際協力とは何かを考え、もう一つの生き方を学ぶ。そしてフィリピンを好きになる」[9]ということが、この体験学習の内容でした。そして、自分が精神面、物質面で得たものを「わかちあい、共に生きる」ことが目標です。

この体験学習の内容は、先生ご自身の体験からほぼ確信的に編み出されたもののようでした。先生は一九三四年（昭和九年）生まれで、軍国主義教育を受けて育ちました。ご両親が熱心なクリスチャンであったことから「ヤソ、ヤソ」[10]といじめられたそうです。高校時代の一九五一年に地元でおこなわれた国際基督教キャンプに参加し、フィリピンから参加した青年の話を聞いたというのです。その話とは、旧日本軍による戦時中の残虐行為によって、彼の父親や弟をはじめとする肉親が犠牲になったという内容でした。ものすごい精神的衝撃を受けたそうです。

何度も読んだ『フィリピンに学ぶ』

また、大学教員時代には、青年海外協力隊員としてフィリピンに派遣された教え子の招きを受けて同国を訪ね、かの国の民衆の実情を見たのでした。「国民の七割が貧困にあえぎ、半数が失業状態にあるではないか！」言語学の研究資料を探しに行ったフィリピンで、自分の研究と教育がその現実とどう関わっているのかと、深く考え込んだそうです。この「魂を揺さぶる感動」と「人生を変える出会い」を若い学生たちに体験させたい、と体験学習の実施に踏み切ったのです。

教師としての学び

この体験学習への参加は、私にとって教師としても大きな学びになりました。フィリピンでは本当にさまざ

(7) 一九八二年、イギリスのクリスチャンエイド作成。国内では『新・貿易ゲーム―経済のグローバル化を考える―』として開発教育協会が販売。
(8) 映像文化協会、故高岩仁監督による記録映画で、マレー半島編（一九九二年）、フィリピン編（一九九五年）、沖縄編（一九九八年）、中国編（二〇〇五年）があります。
(9) 『フィリピンに学ぶ第十四集』より。『フィリピンに学ぶ』は、雨宮剛氏（青山学院大学名誉教授）が在任中に実施した体験学習の報告集で、第一集（一九八九年）から第十四集（二〇〇三年）が自費出版されました。「わかちあい、共に生きる」「歴史に学ぶ」という姿勢で貫かれています。
(10) ヤソとはJesusの中国音訳語「耶蘇」の音読みから、キリスト教やキリスト教徒をさします。

まな立場の人々と会い、話すことができました。市長や施設長などの指導的立場にある人（本当に気軽に会ってくれるのです！）、神父やシスター、そして金持ちから庶民、スラムの住民、青年海外協力隊員や国際協力団体の日本人スタッフまで。本で読んだり、人から聞いたことは忘れてしまいますが、直接お会いした人の言葉や生き様から学んだこと、そして体験したことは忘れません。また、さまざまな施設や団体を訪ねるたびにあいさつのスピーチを求められます。自分の考えや体験を総括して話すというこのアウトプットが、大きな学びになりました。

私より後の一九九五年（戦後五十周年）以降の参加者は、フィリピンでの戦争加害の事実を踏まえて「平和と和解のスピーチ」を事前学習で作成し、体験学習中の各所で発表しました。その様子は、フィリピンの新聞や日本のテレビでも取り上げられました。

親が、兄弟が、親族が旧日本軍に拷問、虐殺、レイプされた記憶を持つ数十人の射るような視線を受けて、英語で行ったスピーチとそれへの反響は一生忘れることがないでしょう。記憶がよみがえり、取り乱して泣き崩れる婦人もいたそうです。日本人として初めて過去と素直に向き合うコミュニケーションをした学生たちは、待ってましたと言わんばかりの人々の温かな笑顔に囲まれたといいます。体験学習には、成果発表（アウトプット）の場と交流の場が必ず用意されていたのです。

駆け出し教師として早くもスランプに陥っていた私は、体験学習の学びを振り返り、考えました。開発教育との出会いもその結果でした。教科書以外の「よのなか」を教室に持ち込み、「自分事」として考えるようにプログラムする、多様な人との出会いを創る、発表の場や意見交換の場をつくることなどを、少しずつ実践していきました。雨宮先生が創り出したような学びの実践を目標にしようと思いました。

「わかちあい、共に生きる」の実践へ

体験学習の参加者たちはその後、さまざまな道を歩み始めています。国際協力NGOで働く者、牧師となり、英連邦戦没捕虜追悼礼拝[11]を雨宮先生から引き継いだ者、戦争体験者のメッセージを記録し、アジアと日本、若者と戦争を知る世代をつなぐ活動「ブリッジ・フォー・ピース」を創設した者、地域に溶け込み有機農業に携わる者、海外で日本語教師をする者などいろいろです。それぞれがフィリピン・タイの体験以後、もがいた末に現在の仕事に携わっています。

仕事で直接の関係がなくても、「わかちあい、共に生き」ようとしていることは間違いありません。帰国後も折にふれて、「見たことをそのままにしてはいけません。それは知的搾取です。学ぶとは何かが変わることです。」と先生は常に言われました。行動変容を訴える開発教育にもつながることです。

さて私は、経団連のある活動[12]を知り、年収の一％を「わかちあう」ことを目標に、NPO活動や災害支援活動に寄付を始めました。ところが、その程度の取り組みでは済まなくなったのです。一九九六年の体験学習参加者が宿題を持ち帰りました。先述の「平和と和解のスピーチ」を聞いたフィリピン人から、「あなた方の真摯な気持ちと平和を愛する心はよくわかった。私たちはこの通りの貧しさであり、戦後もずっと変わらない。あなた方は私たちのために何かしてくれるのか？」と問いかけられたというのです。

雨宮先生から、「田中さん、皆さんとこのことについて話し合ってもらえませんか」と言われました。体験学習は完了したと思っていた私にとって、実はここからが本当の学びでした。日本人的な感覚では、「ずいぶ

(11) 横浜市保土ケ谷区の英連邦戦死者墓地には、アジア太平洋戦争時に東南アジアや西太平洋の旧日本軍占領地で捕虜となり日本に移送された兵士等のうち、千八百九十名が葬られています。雨宮剛氏、斉藤和明氏（国際基督教大学名誉教授、故人）、永瀬隆氏（旧日本軍通訳、故人）が発起人となって戦後五十周年の一九九五年八月を機に、この墓地で日本人による追悼礼拝を開始しました。

(12) 経団連一％クラブのこと。会員団体が利益の一％を社会貢献活動に拠出することを目標とした活動。

ん図々しい言葉だな」と思いますが、定期収入がなく、食べるものにも事欠く彼らの生活を直接見てしまった以上、向き合わざるを得ませんでした。

ふれんどしっぷＡＳＩＡの創設

これは今でもおつきあいのある西ネグロス州ビナルバガン市での出来事でした。この町があるネグロス島は、スペインによる植民地支配の影響で、州内の平地の多くが砂糖きびプランテーションになっています。砂糖産業に関連する日雇い労働が住民の主な仕事です。一九八五年に砂糖の国際価格が暴落した時には地主が砂糖栽培を放棄し、多くの人々が仕事と収入を失いました。プランテーションに土地を奪われて自給作物を育てることもできず、餓死者すら出る「飢餓の島」と呼ばれたのです。彼らにすれば、飛行機で海外からやってくる私たちは恵まれた「金持ち」であり、「施し」を求めることは当然だったのです。

私たち体験学習参加者は、お世話になった訪問先にわずかな寄付金を送っていましたが、そのグループでこの問題を話し合いました。当時、十円で子どもの給食一人分を支給できると言われましたが、集落レベルでまとまった支援をするとなると百万円単位の話でした。一度だけ集めることができても、継続しなければ無責任になります。生活費の高い日本で私たちは金持ちではなく、狭いアパートに住む普通の若者である、ということを先方に理解してもらい、できることから始めることにしました。それは、年額十五万円で、先住民の村の保育園の給食費と先生への謝礼金の一部を負担することでした。

体験学習を経験して、学校に行けない子どもがいたり、三食を満足に食べられない家庭があるのはなぜか、という疑問の答えに私たちは気づき始めていました。それは彼らが怠惰だからでも、能力がないからでもなく、世界がそうなることを黙認しているからではないか。彼らに不平等な環境や、経済的に不利な仕事を押しつける仕組みになっているからではないか。私たちの都市的な便利な生活は、彼らを土台にして成り立っているのかもしれない。彼らの貧しさは私たちと無関係でなかったのです。

困っている人がいるならば、わかちあおう。大きなことでなくてよい。学生や若者にできる範囲で続けよう。私たち皆が国際協力の最前線に立つことはできない。現地の人々にささやかな寄付金を届ける、または既存の国際協力活動を寄付金で支えよう、と考えました。こうして、私たちにとってのフィリピンは、同時代を共に生きる友人たちの国になったのです。この活動は二〇〇五年にＮＰＯ法人「ふれんどしっぷＡＳＩＡ」となりました。

ふれどしっぷ ASIA が支援した西ネグロス州マリクド村の保育園（2001 年）

フェアトレードとの出会い

二〇〇〇年代になると、地球環境問題で使われていた「持続可能性」という言葉が、開発や国際協力の分野でも使われ始めました。従来型の経済開発はもちろん持続可能でないが、終わりのない援助も持続可能性を奪うというのです。相手側の自立する力を弱め、あるいは奪い、援助がなければ持続しない構造を作り上げるからです。持続可能なモデルづくりが完了したら、手をひきなさいというのです。

豊かな国の多国籍企業が世界中にできるだけ安くものづくりを発注し、私たちはそれらをできるだけ「リーズナブル」な価格で買います。バナナ、カカオ、スポーツシューズ、サッカーボールなど、象徴的な例を知りました。貧しい国の、時には子どもを含む生産者が、家族の生活を維持できないような労賃や労働条件で働いています。

私たちにとっての「リーズナブル」は、立場が変われば「アンリーズナブル」（非合理的）なのです。こうして得た豊かさの一部を、私たちの有利さを崩さない程度に「援助」として還流させることは、従属関係を固定させるだけだ、という考え方です。

わかち合うだけではダメか…としょげていた私に力を与えてくれたのが、「フェアトレード」[13]という考え方でした。通常の多くの商品は、生産者の顔や生産過程を見せようとしません。商品という最終形態だけが独り歩きしています。逆にフェアトレードは、過程のストーリーをわざと見せようとします。生産者を表舞台に引っ張り上げるのです。国際協力イベントに参加すると、カカオ生産の村の学校に行けない子どもたち、伝統的な織りでバッグを作る山村の女性たちのことを熱く語りながら、フェアトレード品を売り込むNGOを多数みかけました。

「よし、これだ」と思いました。このスタイルなら一方的な支援でなく、対等な関係で取引をすることが支援にもつながる、持続可能な形です。ちょうどその頃、ふれんどしっぷASIAのタイの支援先である「暁の家」[14]が、山岳民族の村に持続可能な農業としてコーヒー栽培の指導を始めたのです。北タイはコーヒーベルト[15]に属し、標高千メートル以上の山の村々はコーヒー栽培の適地です。願ってもない話でした。

ルンアルンコーヒー

「暁の家」の責任者である中野穂積さんは、一九八七年に前身となる「リス生徒寮」を始め、三十年以上に渡って、北タイ山岳民族の厳しい生活を見てきました。その生活の厳しさとコーヒー栽培を勧める理由について、中野さんがタイ国日本人会会報クルンテープに書いた「コーヒーの木と暁の家」[16]などの内容を元に、簡単にまとめてみました。

山岳民族は、元々は山伝いに移動焼き畑耕作をおこなっていたのですが、やがて移動も、焼き畑も、森林開墾も禁止され、同じ場所で農作業をするようになりました。市場で売れるキャベツやトウモロコシなどの野菜を、化学肥料や農薬を多用して栽培する農業に変わっていきました。焼き畑にお金はかかりませんが、定地農業では、種や肥料、農薬を現金で買わなくてはなりません。化学肥料の継続使用でだんだん地力が落ちるので、肥料の投入量を増やして経費がかさむようになります。

水害や干ばつなどで思うような収穫を得られなければ、資材を購入した借金だけが残ることもあります。農薬で健康を害する人が出たり、畑の近くの川水が飲めなくなったりしたそうです。このような経済面、健康面での厳しさに加え、山村の急斜面での畑作業は肉体的にも厳しく、賃仕事を求めて出稼ぎや移住が増えていきました。

中野さんは、このような状況下にある村の子どもたちを預かる通学

ルンアルン（タイ語で「暁」）コーヒー

(13) 二〇一八年に世界の二五〇以上の機関が参加して制定された「国際フェアトレード憲章」によれば、「より公正な国際貿易の実現をめざす、対話・透明性・敬意の精神に根ざした貿易パートナーシップ」であり、「とりわけ南（発展途上国）の弱い立場に置かれた生産者や労働者の人々の権利を守り、彼らにより良い取引条件を提供することによって持続的な発展に寄与するもの」です。国際フェアトレードラベル機構が、製品にラベルを貼る認証基準を設けていますが、本章での「フェアトレード」は、その基準に適合するかどうかは別として、「フェアトレードの考え方を尊重した取引」という意味です。

(14) 「暁の家」を運営するルンアルン（暁）プロジェクトは、北タイの山岳民族の子どもが山の麓にしかない中学、高校に通学するための寮を一九九五年にチェンライ県で始めました。通学寮としての活動は二〇一五年に終了し、現在は学校外教育で中学、高校の卒業をめざす青少年の職業訓練、山岳民族対象の奨学金制度をおこなっています。持続型農業支援、山の保育園・小学校支援、手工芸品の買い取りなど、持続可能な山村の生活づくりにも取り組んでいます。

(15) コーヒー栽培に適した地域のことで、南北回帰線に挟まれたエリアに多くのコーヒー生産地が位置することからこう呼ばれます。良質なコーヒー生産には、適温と適度な雨量、土壌条件が必要です。

(16) 『タイ国日本人会会報クルンテープ』二〇一七年九月号、十月号に連載。

寮を開き、奨学金を給付してきました。実費の一割以下の寮費を払えず、お米や手織り布で納めたり、卒業後に就職した生徒が給料で支払うというケースもあったそうです。そこで、持続不可能な畑作や焼き畑の煙害問題から脱出し、生活収入を改善する一案として、コーヒー栽培を勧めたのです。植えた苗木が育って収穫をもたらすまでの二〜三年を待つことができれば、三十〜五十年に渡って収穫が期待できます。

野菜は出荷時期を選ぶことができず、また、重いために輸送費がかさみます。しかし、コーヒーは加工により軽量化し、付加価値をつけ、保存が利くので時期を選んで出荷することができます。野菜は切り開いた場所でしか栽培できませんが、コーヒーは森の中でも育ち、それ自体が山の緑となります。また、果樹などを混植することで、多元的に収入を確保するとともに、害虫の発生を抑制することもできるのです。

山村の人々に勧める一方、暁の家でも土地を借りて独自のコーヒー畑を開きました。有機無農薬栽培のコーヒーと果樹との混植で経済的に自立できることを証明するためです。コーヒー苗も自家製で、種子にかび防止剤を使いません。肥料は家畜の糞やたい肥を使い、害虫は手で駆除したり、木酢液や薬草液で対応します。二〇一一年に五千本の苗木を植えた畑から、近年は毎年四百キロの生豆（焙煎前）を得ています。

コーヒーの実（コーヒーチェリー）の加工にはなかなか手間がかかります。チェリーの果肉を除き、水洗して乾燥させ、パーチメントという保存が利く状態にします。半年程度寝かせた後にさらに薄皮をむいて生豆とし、これを選別、焙煎します。農家からは主にパーチメントの状態で買い取ります。チェリーからパーチメントへの加工は重量を二十％にするので、運搬するために重要です。この工程に必要な皮むき機は暁の家から貸し出します。有機無農薬栽培を実行し、欠損豆が少ない農家からは、一般市場より優遇した価格で買い取ります。

こうしてできた製品は「ルンアルン（暁）コーヒー」と名づけられました。私たちのグループ「ふれんどしっぷＡＳＩＡ」はこれを取り寄せ、国内で紹介、販売しています。手ごたえのある楽しい活動です。

コーヒーがつなぐしあわせ

私たちは販売促進用の紙芝居を作成し、タイトルを「しあわせのコーヒー」としました。紙芝居の内容は、このようなものです。

スーパーの棚に並べられたタイコーヒーのアルンは、お客様に出すコーヒーを買いに来たとも子ちゃんと出会います。アルンは時間を止めるおまじないをかけて、とも子ちゃんを北タイの生まれ故郷の村に連れて行きます。とも子ちゃんは、コーヒーを無農薬有機栽培で作る農家のロージーさんと出会い、村を変えていくフェアトレードについて知ります。旅から戻り、ルンアルンコーヒーを買って家に帰ると、とも子ちゃんはお父さんに「(これは)しあわせのコーヒーなの」と差し出します。

なぜ「しあわせのコーヒー」なのでしょうか。それは、ルンアルンコーヒーに関わって、私たちが学んだ内容でもあります。

暁の家の支援でコーヒー栽培を始めた農民たちは、市場の動きに支配される野菜づくりから脱却しようとチャレンジしました。家族や村の持続可能性について考え、自分たちにも、子どもたちにも、地球にも、そして消費者にもやさしい無農薬有機栽培と、フェアトレードの仕組みへの参加を勇気を持って選択したのです。

暁の家の支援を得て、コーヒー栽培の改善を考え、害虫被害の対策を話し合います。農薬を使用しないで害虫を駆除するための作業には、日本からもボランティアが参加します。コーヒー栽培が少しずつ生活を変え、労働の成果を納得がいく価格で買い上げてもらうことは、大きな励みであり、しあわせであると思います。

紙芝居『しあわせのコーヒー』

一方、このストーリーを知ってルンアルンコーヒーを飲む人も、しあわせ感を味わえるのではないでしょうか。コーヒーを飲むことで農民とつながり、彼らを支えることができます。よいものに巡り合って自分が満足するだけでなく、生産者としあわせ感を共有できるのです。

私たちは自然や世界中の人々と限りなくつながって、共に生きています。近代化やグローバル化は一面的な考え方によって、そのつながりの本来の姿を無視し、破壊して経済的な利益を最大化してきました。その利益は、自然や他の社会を搾取することで手にしたものです。アンフェアなつながり方が構造化しています。その構造にどっぷりつかって生活していると、互恵的なしあわせ感を感じることはむずかしいでしょう。

「お財布経済」から「わかちあいの経済」へ

「買ってもらうためにどう表現したらよいか」「世間的な割安感がない買い物をどう勧めるか」を考えることは、私にとっての大きな学びです。一グラムあたり一円以下のレギュラーコーヒーが販売されています。お得な買い物かどうかという判断基準が自分のお財布の経済感覚だけであれば、話はそこで終わってしまいます。「イマだけ、ココだけ、ジブンだけ」の価値観を脱出して、タイの生産者や、子どもたちが成長して自分の子どもを育てる頃の地球の姿、生態系などとのつながりを感じられたら話は変わるのではないでしょうか。「お財布経済」から、「わかちあいの経済」の視点に導くのです。

コーヒーを購入する経済活動が、お金のやりとりだけでなく、おいしさ、安全性、持続可能性、コーヒーによってつながる人々への思いやり、それらが作り出すしあわせ感のやりとり、わかちあいにもつながっていることに気づきを持って行きたいのです。

フィリピンで学んだ「わかちあい、共に生きる」というスタイルの、コーヒーを通した具体化です。生産者と消費者の間をつなぐストーリーが見えなければ、お財布経済の域を脱出することはできません。紙芝居「しあわせのコーヒー」を使いながら、開発教育実践としてわかちあいの経済への案内に取り組んでいます。

暁の家の中野さんは、タイに出現した「わかちあいの棚[17]」を見習って、庭で取れすぎたマンゴーを置く「わかちあいの机」を門前に出しました。地域の人々に好評で合計八十キロもお持ち帰りいただいたと、しあわせそうでした。かつて日本の近所づきあいでも当たり前だった「おすそ分け」ですね。コロナ時代のニューノーマル（新しい日常）として、「わかちあい」が「つながり」を作り、「つながり」が「しあわせ」を作るウエーブが再び広まることを願います。

チェンライ県サンクラン村のコーヒー生産者

こうしてわかちあおうとする時、人は相手の喜ぶ表情を思い浮かべるのです。誰かの役に立つことができるとはうれしいことです。それが日常のささやかな楽しみであり、しあわせ感でもあるように思えます。もののやりとり（わかちあい）がしあわせ感をもわかちあっているのですね。

開発教育とわかちあいの経済

開発教育に長い間取り組んできて、コーヒーを通してわかちあいの経済観をファシリテートすることに一番充実感を感じています。私が語る「経済観」は論理性も科学性も実証性も乏しいので「経済学」とは申しません。こんな風に思います。〇〇学は人間らしさからずいぶん離れてしまいました。しかし、その正当性は世の中を支配しています。そのせいか、日常生活上の人間的な感覚や経験的な勘で社会現象を捉えること

(17) 新型コロナウイルスの感染拡大後にタイの街角に出現した現象で、有志が困っている人のために水や食料を置き、自由に持っていかせる棚。

に多くの人が抵抗感を感じる世の中になってきました。

○○学を前にすると、私たちは自然に感じたことを「正当性」がないものとして道を譲ってしまいます。その一方で、ＳＮＳの中には感覚的な世界が渦巻いていて、多くの人がそこに引き寄せられ、同調します。憎しみや争いを助長するようなものは排除しなければなりませんが、このことは私たちが感覚や勘から離れることができないことを示しているのではないでしょうか。しかし、私たちはそれらを私的、非公式、低位なものと捉えがちで、公的な場面ではその発出を我慢したり、気づかないふりをしたり、もやもや感を忘れようと努めるのです。

このような状況では、大量消費を支える生産現場で、時には子どもを含む労働者が不公正な労働条件や不健康な労働環境で働いていたとしても、客観的なデータに基づき、体裁を整えた報告が提出されなければ見過ごされかねません。生産地コミュニティの環境や社会や文化を破壊するような事例を訴える声があっても、権威ある言葉が「調査の結果、そのような事例は認められなかった」と語れば、訴えが簡単に否定されてしまう例を私たちは見てきました。

わかちあいの経済観では、数値化、データ化された直線的思考からしばしば離れ、生活感覚や経験勘を基に立ち止まり、周囲やつながりがあるものを見渡すことを薦めます。そうすることで、貨幣的な価値だけでなく、互恵的な価値や多様な豊かさを備えた経済活動が可能になると思うのです。わかちあいの感覚が買い物（経済活動）や日常生活をうるおいのある、ふくよかなものにし、搾取的な経済構造を和らげていくことを願います。曲線的な思考と内発的なエネルギー（自分が感じたり主体的に考えたことがもたらす力）を大切にする開発教育とは相性がよいのではないでしょうか。

開発教育で扱うさまざまなテーマに現実性や臨場性を用意することはしばしば非常に苦労するところですが、フェアトレードをテーマにわかちあいの経済を考えることを、私は格好の開発教育ネタだと考えています。学びや気づきを消費行動として具体化しやすいですよね。そしてこの行動が、開発、人権、平和、環境などのテーマを見つめ直すきっかけにもなります。

ストーリーに関心を持ってコーヒーを買っていただく、ということにもしあわせ感があります。共感の輪が広がっていくしあわせ感です。このコーヒーがつなぐしあわせ感、わかちあいの経済観をもっと広げていけたらいいなあと思います。しかし、人の心に働きかけることですから、ゆっくり、じっくりです。試行錯誤の結果、フィリピン体験学習から三十年たった今ようやく、その学びを開発教育として周りに広げていくステージに入ることができました。私が伝えたかったことを、コーヒーを介してやっと語れるようになったとも言えます。

私のお薦め本⑤

『バナナと日本人―フィリピン農園と食卓のあいだ―』

鶴見良行著（一九八二年）岩波書店

社会学的探究と庶民の目線で歩くことによって、アジアと日本との関係を鮮やかに描写した「物」語の古典で、産地から店頭に並ぶまでのバナナの履歴書です。

最も気軽に食べている果物でありながら、私たちはバナナの値段、外見、安全性を気にする一方、生産地、生産者、流通過程についてはほとんど何も知らないのではないでしょうか。私はフィリピンへの体験的旅行をしたことから、新米教師三年目に本書に出会い、天地がひっくり返るような衝撃を受けました。それ以来、この本は私が開発教育を学び続ける原動力です。

バナナ労働者の過酷な生活環境、アメリカ資本がフィリピン・ミンダナオ島を日本向けバナナ生産地として開発した過程、その前史としての日本人移民の麻農園経営。授業を深めるとは、このように物事の真相、そして深層に迫ることなのだと思いました。

鶴見人脈の著者らによる『エビと日本人』『エビと日本人Ⅱ』『かつお節と日本人』も岩波新書にラインアップされています。『甘いバナナの苦い現実』（石井正子著、コモンズ、二〇二〇年）はエシカル消費の観点を加え、依然として解決されないバナナ産業の搾取構造に関する最新事情を記録しています。

『炎熱商人』

深田祐介著（一九八四年）文藝春秋

東南アジアとの現代関係史を大枠でつかむ上で役立つ、社会派ビジネス小説です。

バナナに先立ち、日本はフィリピンから大量のラワン材を輸入しました。安価な合板として日本の高度成長に寄与する半面、ルソン島のほとんどをはげ山にしてしまいました。貧しいフィリピンに日本からの輸入品が溢れ、資源開発による環境破壊が深刻化しました。これが日本のビジネスによる「第二の侵略」と批判される中、一九七一年に住友商事社員が巻き込まれる殺人事件が発生します。この事件に着想を得て執筆したと著者は書いています。

中堅商社のマニラ駐在員が、現地事情を考えない東京本社の指示でラワン材取引を値切るのだが、その交渉が現地労働者の反感を買い、現地支店長が銃殺されてしまいます。一方、並行するエピソードでは、ある日本軍大尉がアジア太平洋戦争末期の追い詰められた友軍の残虐性に心を痛めます。

二つのストーリーの響き合いが、東南アジアにおける日本のイメージを描き出して妙です。私はフィリピンへの体験的旅行の予習として通読し、フィリピン人の対日観を理解するのに役立ちました。国際化時代の日本人像を鋭く問う同じ著者の作品として、チリを舞台にした『革命商人』（一九八二年）、インドネシアを舞台にした『神鷲商人』（一九八六年）があります。

〔第7章〕NGOと市民社会―私は社会を引き受ける―

小野行雄（おの ゆきお）

県立高校教員。法政大学非常勤講師。草の根援助運動事務局長、横浜NGOネットワーク理事長。
人と話すこと、身体を動かすこと、オートバイが好き。学校もコミュニティも横断したさまざまな人の学びをつくりたい。

NGOは市民社会の代弁者

私は三十年、ＮＧＯ[1]に関わってきました。

その一つ、私が現在事務局長を務めている草の根援助運動の主な活動地域はインド、インドネシア、フィリピンで、その中でも私は特にフィリピンを専門として活動と研究をしてきました。長く関わってきたフィリピ

（1）非営利団体NPOのうち国際協力をする団体をNGOと呼ぶのが日本での一般的定義ですが、英語圏ではNPO（英語では単に「Non Profit」）すべてをNGOと呼ぶことが多いです。そのNPOも日本では特定非営利活動法人格を持っている団体を指すことが多いですが、財団法人や社団法人のみならず、ひろく学校法人や町内会のような非営利団体まで含めます。ここでは広い意味での各種の自治的な団体をすべて含めてNGOとします。

ンでは友人もたくさんできて、今ではフィリピンに行くときはいつも、故郷に里帰りするような気持ちになります。漁村で夜、地元の漁師たちと寝転んで星を眺めていると幸福感でいっぱいになり、このために活動を続けてきたんだ、とさえ思ったりします。

教員としては、高校と大学で教えています。高校では英語が専門ですが、新しい学校へ行くたびに「国際文化」「第三世界入門」「異文化理解入門」などという開発教育関連科目を立ち上げてきました。今の勤務校では、「総合的な探究の時間」でSDGs学習の年間プログラムをつくり、学校全体の学びを進めています。大学では「NGO論」「市民社会論」「日本の貧困問題」といった科目を持ち、NGOと社会問題について教えています。

そうした中でいつも感じるのが、学生を含めた一般の人の、NGOに対する無理解です。NGOという言葉を知らない学生はほとんどいないのですが、多くの学生はその役割の半分しか理解していません。NGOというのは国際協力をする団体である、というのが多くの学生の理解です。しかしNGOにはもう一つ、大きな役割があるのです。

NGOについて、多くの人がわかっていない役割。それはこういうことです。

『NGOは市民社会の代弁者である』

実際のところ、日本では「市民社会」というもの自体があまり認識されていないようです。自分があって社会がある、その間には明確な線引きがあり断絶がある、という意識が一般的なのではないでしょうか。大きなことは社会で決まる。社会で決まったことには従う。それについてどうこう言うことは許されない。そう思っている人が多いように思います。そうした日本社会の中では、NGOですら、市民社会の一員としての役割を意識していないように見えることがあります。しかし世界的に見れば、NGOこそは市民社会の代弁者なのです。

インドの村の市の様子。早朝なのでかなり寒いです

世界のさまざまな場で、ＮＧＯは大きく社会を動かしています。フランス人のトクヴィルは、十九世紀初頭、アメリカを旅して驚嘆しました。アメリカでは地方のどこでも、人々が自発的につくった組織が社会をつくり、自治体をつくり上げていたからです。トクヴィルは帰国後そうして民主主義が広がっているさまをフランスに紹介し、それが王権政治に対する民主主義の一つの形としてヨーロッパに紹介されていきます。[(2)]

また現代フィリピンでは、ＮＧＯが政治に影響を及ぼし、しばしば混じり合って社会を創り上げています。法的にもそれは保障されていて、憲法にもＮＧＯの政治的な位置づけが保障されています。[(3)] 地方自治体には地方自治法によってＮＧＯの設立と活動を支援する権限を与えられ、[(4)] 地方自治体に置かれる開発協議会という公的組織には、構成委員の最低四分の一はＮＧＯ代表でないといけないという規定さえあります。国の重要な閣僚ポストについたＮＧＯメンバーも一人二人ではありません。フィリピンではすでに、ＮＧＯは社会を構成する必要不可欠な要素ですらあります。

（2）アレクシス・トクヴィル（一九八七）『アメリカの民主政治（上・下）』講談社。

（3）一九八七年に制定された現行憲法では、第二章（Article II）第二十三条（section 23）に規定があります。なおフィリピンでは地域住民らが構成員となる組織をＰＯ（People,s Organization）と呼び、専門的知識や資金を持つＮＧＯとは区別することが多いですが、このＰＯも別の条項で規定しています。

（4）一九九一年地方自治法第三十四条、三十六条。

それではＮＧＯはなにをしているのか、市民社会というのは実際には誰で、どんなことをするのか。私自身のフィリピンでの経験からはじめます。

家を破壊された女性との出会い

三十年前、初めてのフィリピンで衝撃的な事件に出会いました。

前年の秋に国際会議の通訳をやったのが縁で、私はその主催団体だったＮＧＯ「草の根援助運動」のフィリピンスタディツアーに参加することになりました。自分自身、ＮＧＯというのがなんなのか、よくわかっていない頃です。

それまで私はアメリカ好きで、コーラとハンバーガーとハリウッドが好きな英語教師でした。高校の授業では、アメリカでの生活や映画、音楽を紹介し、生徒にもうけていました。それがたまたま訪れたフィリピンで、まったく知らなかったアジアの熱気あふれる人々とＮＧＯの世界に触れ、ただただ驚くばかりでした。

漁村や農村で出会った住民リーダーや現地ＮＧＯスタッフは、誰もが明るく優しく、強く、そして強い信念を持っていました。初めて開けてきた新しい世界に魅せられて、通訳をした時にはわからないままに訳していた「参加型開発」や「持続可能」といった言葉を実感として理解できて、私は感動の毎日を過ごしていました。

そのツアー後半のある日のことです。

私たちはマニラ首都圏近郊の開発地域を訪れていました。広々とした土地の真ん中を道路が貫き、その両側でぽつぽつと工場が建てられ始めているただ中をマイクロバスで走りながら現地ＮＧＯ「フィリピン農村再建運動（ＰＲＲＭ）[5]」のスタッフから反対運動の現状などを聞いているときでした。道の真ん中に赤いワンピースを着た女性が飛び出してきました。バスに招き入れ、ＰＲＲＭの女性スタッフが彼女を落ち着かせながら話を聞きました。裸足のまま座り込んだ女性に車内は騒然。

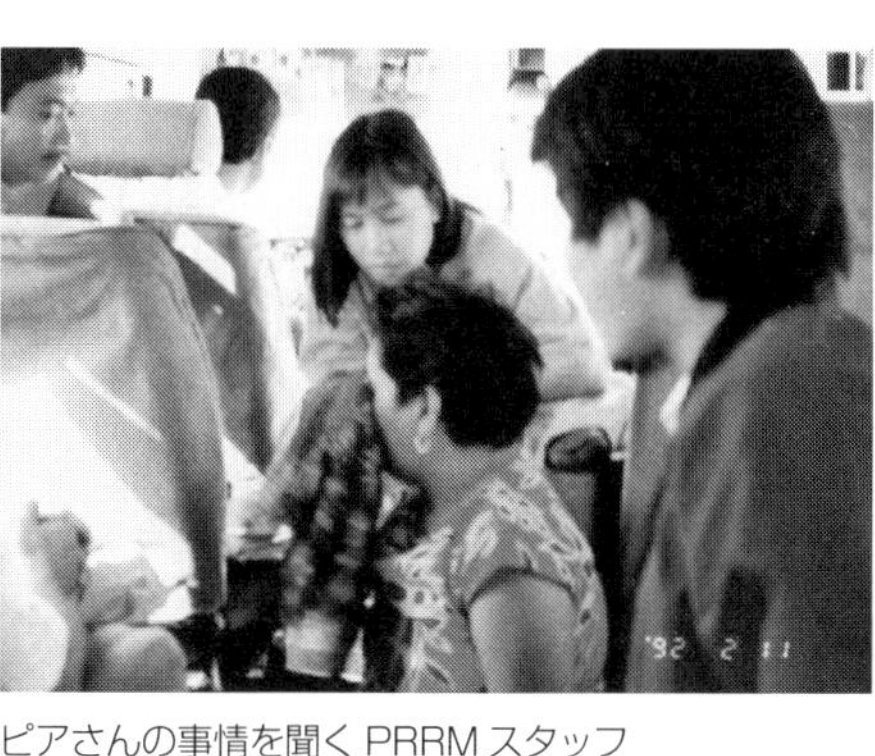

ピアさんの事情を聞くPRRMスタッフ

女性はピアさんというシングルマザーでした。彼女はこんな話をしました。

自分は祖父の代からこの地に住み、結婚してからも住み続け、両親が亡くなり夫と死別してからも、三人の子どもをここで育ててきた。そこに昨年、男たちがやってきて、この地区の家は不法占拠だから明け渡せと命じられた。納得いかなかったので抵抗したけれど、近隣の二十軒ほどの家は次々に追い出されていった。一軒だけ最後まで残っていたのだが、今朝急に男たちがやってきて、家を壊し始めた。助けてほしい、なんとかしてほしい。私はここを追い出されたら、どうすればいいのか見当もつかない……。

数人の男が道路際に銃を構えて立っていました。その向こうには、今まさに取り壊されている家。屋根はすでに取り壊され、柱や壁がむき出しになり、それも引き倒されかけています。外にはまだ洗濯物が干されていて、その間からも銃を構えた男たちが私らの様子をうかがっていました。私たちはただ茫然として、バスの中で黙り込むばかりでした。

グローバリゼーションvs市民

このとき私たちが訪れていたのは日本の国際協力機構JICAの「カラバルソン計画」の実施地域でした。

（5）一九五二年創立のフィリピン最古のNGOで、人々のもとで人々から学ぶというフィールド実践を中心に据えています。マルコス独裁政権下で休止状態となりましたが八六年の民衆革命後復活、九〇年代にはフィリピンをリードする最大級のNGOとなり、欧米のNGO、日本の草の根援助運動との協力のもとに活動を続けています。

日本に帰ってから、草の根援助運動はこの件について抗議するためにＪＩＣＡを訪れました。私はまだメンバーではなかったのですが、ＪＩＣＡの応接室で数人の担当者がメモをとりながら聞き、このプロジェクトについての資料も提供してくれました。

のちに調べたことも補足しながら説明すると、このカラバルソン計画は、首都であるマニラ近郊のカビテ州、バターン州、ラグナ州に工業地域と農業生産地域を効率的に配置して生産量を上げ、フィリピン経済全体を引き上げるという総合的な開発計画でした。工業地域として指定する地域は特区として、その地域内に限って本来ならかかる関税を免除し、働く労働者を守るための労働法も適用しないことにして、有利な条件を整えて海外企業を呼び込もうという計画です。そして集中した農業地域では配送を集約的におこなえるようになります。そもそもはアメリカが構想したものだったのですが、やがて日本が引き継ぎ、フィリピン期待の計画として、第一回会議を一九八九年に東京でおこなっていました。[6]

国のレベルで進められている計画であるから、公的機関であるＪＩＣＡにはそれを計画通り進める以外のことはできない、と担当者は説明しました。しかしそうした大規模開発にはその裏で苦しむ人もつきものです。その一つが土地の強制収用で、広い工業地域をつくるために、それまで住んでいた人々をかなり強引に追い出していました。[7]私たちが出会ったのもそうしたことの一場面だったのです。

ＰＲＲＭは、このカラバルソン計画に異議を唱えて反対運動を組織し、繰り返しデモをおこないました。この計画そのものを止めることはできなかったけれど、反対するだけではだめだとして、それに対抗する別の開発計画を提出しました。地域の資源を生かし、人々を中心に穏やかに進めるオルタナティブな（もうひとつの、別の）開発の考え方に基づいた、「ＳＲＤＤＰ（持続可能な農漁村地域プログラム）」です。

ＳＲＤＤＰでは、人々が行政や市場の民主化をはかりながら協調的に計画を進めることを前提にします。そのためには、人々が経済的政治的な決定権を自分たちの手に持つことが絶対に必要です。そこで人口数十万人の、海・平地・山のうち二つ以上の環境条件（エコシステム）を含む地域をひとつのＳＲＤ（持続可能な農村地域）と想定して、その域内で自治的に開発していくことを構想しました。

それぞれのＳＲＤで、人々が農民組織、漁民組織、女性組織などを立ち上げ、地域行政と連携しながら自治を進めます。道路や橋・学校のような社会インフラも人々に役立つという視点から整備し、農業・漁業・林業・工業をバランスよく育てていく。それぞれの産業の交易を盛んにし、ＳＲＤ内をひとつの経済圏として成り立たせる。これを全国で展開し、フィリピン全土で持続可能な地域経済システムと基本的社会サービスシステムを作り上げるというものでした。

ＮＧＯは単なる援助団体ではなく、新しい価値観を提出する運動体なのです。[8]

ＳＲＤＤＰの根っこには、グローバリゼーションは貧しい人をますます貧しくする、という考え方がありま す。グローバリゼーションで恩恵を受けるのは豊かな人々で、貧しい人にはその恩恵はない、というわけで す。例えば父祖からの土地を追い出された赤いワンピースのピアさんが、その実例ということになるでしょ う。そしてＮＧＯはその人々の声を代弁し、その人々のための活動を組織してきました。ＰＲＲＭの代表オラシオ・モラレス氏は一九九九年には農地改革庁長官となり、貧しい農民たちのために働きました。これが市民社会です。

フィリピンでは、人々の百万人デモにより独裁者を追い出した一九八六年の民衆革命以来、市民社会が国を

（６）江崎光男（一九九五）「フィリピンの経済発展とカラバルソン地域開発計画」『国際開発研究フォーラム２』名古屋大学大学院国際開発研究科。

（７）一五〇〇年代からのスペイン統治下で生まれた大地主は、一九〇二年からのアメリカ統治時代の登記制度の下で確固たる所有権を得ました。そのプロセスから除外されていた多くの農民は、代々そこに住んでいたにもかかわらず、いつの間にか法的には土地なし農民とされてしまいました。

（８）David Korten (1990) *Getting to the 21st century: Voluntary Action and the Global Agenda*, Kumarian Press.

創り上げてきたという自負があり、今も活動が活発です。翻って日本を見てみると、元々そこにある社会にいつからか住んでいる私たち、という意識が強いように思います。人が市民として市民社会を構成する、その市民社会が国そのものを創り上げていく、そういう経験も思いもないのが実情です。

ジュビリー二〇〇〇に関わる

ＮＧＯが市民社会として世界を動かした例として、大きな運動が三つ挙げられます。二十世紀末の地雷廃絶運動、債務帳消し国際運動、そして最近の核兵器廃絶国際キャンペーンです。

ここではそのうち、私が関わった「債務帳消し国際運動ジュビリー二〇〇〇」を取り上げます。草の根援助運動の創立者でもある国際問題評論家の北沢洋子さんが、労働組合・連合の鷲尾悦也会長、カトリック東京大司教区の白柳誠一枢機卿とともに「債務帳消し国際運動　ジュビリー二〇〇〇ジャパン」を立ち上げたのは一九九八年でした。

ここでいう「債務」は、単純に言えば「発展途上国」が「先進国」に借りているお金のことで、それを帳消しにしろ、という運動です。借金ならば返すのがあたりまえではありますが、その借金はそもそも、一九七〇年代、「先進国」が余った金を大盤振る舞いで貸し出したもので、しかもその多くは「途上国」の一部政治家の懐に入っていたのです。懐に入れた政治家は逃げ、投資したはずのサービスや製品は金にならず、儲かるのは先進国側ばかり。それでも債務は国に残ります。支援のための資金だったはずなのに、借金が総生産の五十％以上になり、返済するために福祉を切り捨て、学校を閉鎖しても利子も返せなくなっていたら、どうすればいいでしょう。

それは貸した側に大きな責任がある「汚れた債務」と考えるべきであり、それを帳消しにしない限り「途上国」はますます貧しくなっていくばかりである、そうイギリスのＮＧＯが主張し、そこから世界四十か国以上

1999年渋谷駅前のマーチ

でこのキャンペーンが始まりました。その日本での組織がジュビリー二〇〇〇ジャパンで、私はその事務局活動に参加しました。「国」の看板のもとに一部の政治家が勝手に貸し借りした債務を、農民や労働者が返すのはおかしい。大規模開発のために使われた債務を、人々の苦しみで返済する必要はない。そうでない使い方が必要だ。この主張はローマ法王も賛同し、宗教界や労働界を巻き込んで全世界二千万人以上の署名を集めました。

日本では繰り返し大蔵省（当時）や外務省前でのデモをおこない、渋谷での街頭行動もおこないました。一分間に十三人の子どもが債務のために死んでいる[9]、それを象徴的に表すために外務省前で巨大な発泡スチロール製「¥」マークを子どもが背負って歩くパフォーマンスをおこない、当時七歳だった私の娘も写真が新聞に載って、喜んで学校に持っていきました。

さらには二〇〇〇年の沖縄サミットに向けて世界のジュビリー加盟組織に手紙行動を要請して、日本政府の小渕首相あてに百万枚のはがきが届いたと言われています（政府は数は公開せず）。沖縄サミットに合わせてジュビリーでも国際会議を開き、世界のジュビリーから人々が参加して会議を開催し、沖縄国際通りでデ

（9）国連開発計画（一九九七）『人間開発報告書』によります。

モをおこないました。

こうした活動の結果、各国首脳は相次いで債務帳消しプランを提出することになり、日本でも「途上国債務帳消しを約束」という見出しが新聞の一面を飾ることにもなりました。その後も技術的な問題は発生したものの、おおむね解決する方向で動き出し、現在では、途上国にとって、少なくとも当時の債務は足枷にはならなくなりました。[10] ジュビリー二〇〇〇の国際運動は、おおざっぱに言って、グローバル市民社会が各国政府を動かした成功例となりました。

ニュースレターの編集を担当して世界のジュビリーの活動を日本に紹介していたとき、外を数百人の人々が「人間の鎖」で囲む中で、外の声が響く外務省の一室で北沢洋子さんや白柳枢機卿らと共に外務大臣に面会したとき、私もその市民社会に関わっているという実感を持って興奮していました。

市民社会を考える身近な問題

市民社会とはなにかを考えるのに、私は学生たちに、まず身近な問題から考えてもらいます。次の三つの問題に、どう対処するか、という質問です。

1 夜、近所の公園に子どもが一人。母子家庭で九時過ぎまで帰ってこないという。気がつくとそんな子どもが他にもいるようだ。

2 外国人の一家が隣に越してきた。ゴミの出し方をなんとか教えてあげた。見ると小学生ぐらいの子どもがいるが、学校へ行ってないらしい。

3 近所の自然豊かな森にフェンスが造られ始めた。壊して住宅地にするそうだ。おじいさんが一人で工事の人に文句を言っている。

それぞれの問題について、Aどうするべきだと思うか　B実際には自分ならどうするか　の二つを考えてもらいます。

学生の多くは、個人的にちょっとした支援をしたあと役所に相談する、という答をだします。実際には声はかけられないだろうとか、ためらいはしても黙って通り過ぎるという答も多いのですが、そうした個人の活動はともかくとして、その相談先がそのまま役所になってしまうところがここでの問題点です。

1と2の問題では、現在各地に、そうした子どもを支援するためのNPOができていて、それぞれ必要な支援をしています。そうしたNPOにつなぐことも一案ですが、それ以上に、理想を語るAでは近所の人と一緒になってそういう子どもを支える仕組みをつくる、という発想をもってほしい問題です。

3については、ナショナルトラストの運動がヒントになります。ナショナルトラストというのは十九世紀にイギリスで始まった、市民が土地を買い上げて歴史的建造物や自然を守る運動で、現在は四百万人以上の会員を有するNGOになっています[11]。日本でもこの運動が一九六〇年代に鎌倉で始まったのを皮切りとして各地でその運動が広がり、現在では公益財団法人日本ナショナル・トラスト協会がそうした活動を続ける団体のネットワークNGOとして活動をまとめています[12]。

個人の善意や意思と、政治・行政の動き、企業の動き。それらの間にあるこうしたNGO・NPOが「市民社会」なのです。

(10) ただし二〇一〇年ごろから新たな債務問題が起こっており、二〇二〇年コロナ禍では途上国の重大な脅威としてG20会合等で緊急の債務繰り延べ策などが協議されました。
(11) 英国ナショナルトラスト財団ウェブページ　https://www.nationaltrust.org.uk/home
(12) 公益財団法人日本ナショナル・トラスト協会　http://www.ntrust.or.jp/index.html

市民社会とNGO

この市民社会という考え方は実はかなり新しいものです。「市民」は紀元前の帝政ローマにもありますし、マルクス主義なども市民社会を定義していますが、二十世紀半ばまでの「市民社会」は企業を含むもので、おおざっぱにいえば為政者に対抗する人々の社会、という位置づけでした。それが図1[13]に示したような国家・企業・そして私的領域（親密圏）の間にあるものと考えられるようになったのは一九八〇年代からです。

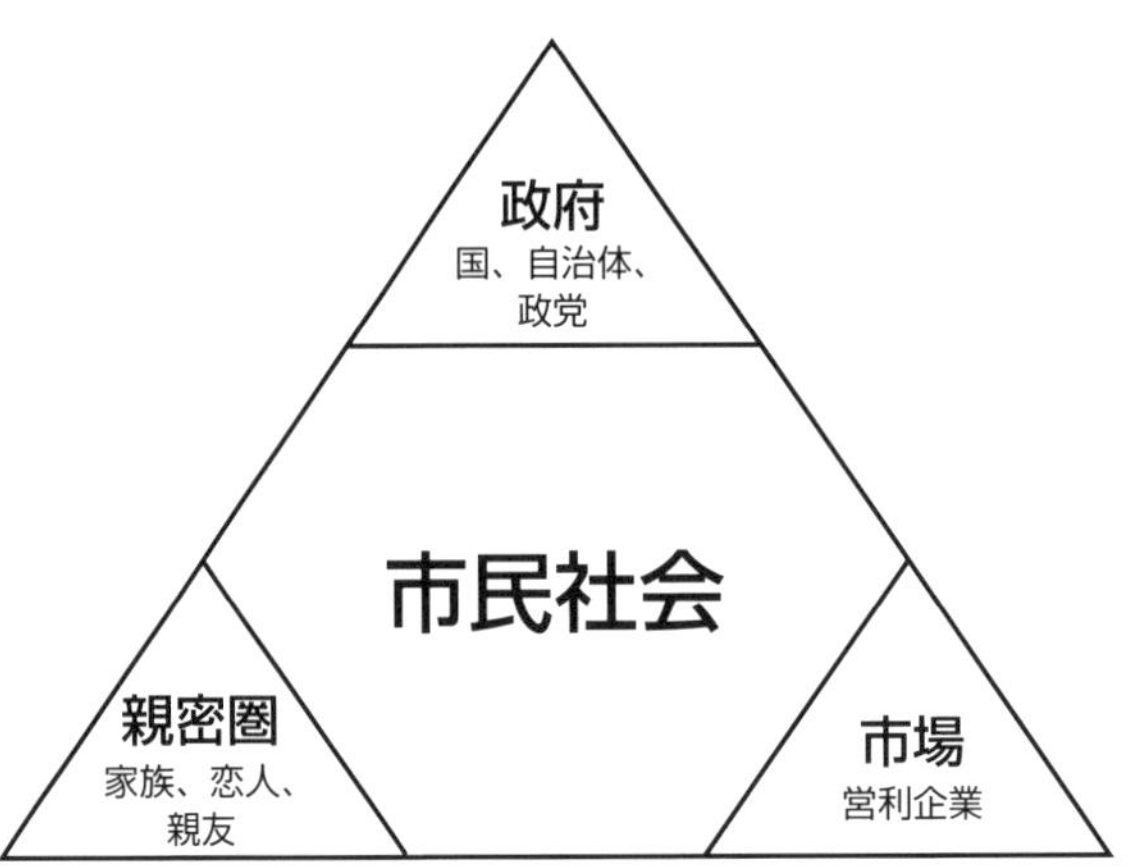

図１　Pestoff Triangle（Victor Pestoff, 1992より）

「市民社会の核心は自由な意思に基づく非国家的・非経済的な結合関係である」[14]というのが社会学者ハーバーマスの定義です。ハーバーマスはその例として、教会、文化的サークル、学術団体、独立メディア、スポーツ団体、レクリエーション団体、弁論クラブ、市民フォーラム、市民運動、同業組合、政党、労働組合、オルタナティブな施設、と多種多様な組織を市民社会として挙げています。

また、ドイツの歴史学者ユルゲン・コッカはこう定義します。

「市民社会は、国家と経済と私的生活の間の社会的自己組織の領域であり、結社、サークル、社会的関係、非政府組織（NGOs）、公的言説、紛争と協調、諸個人とグループの自立、ダイナミズム、イニシアチブ、変化などの領域でもある。市民ボランティア活動も、重要な役割を演じる。[15]」

NGOやNPOに限らず、社会に関わるおよそすべての組織や活動が、市民社会と捉えられているのです。ではそうして集まり、なんらかの意見を持ったとして、それをどう社会に反映させられるのでしょうか。

まずは意見の表明です。昔なら新聞に投書する、政治家に手紙を書く、あたりでしょうか。今はチャンネルが増えて、ＳＮＳなりブログなりユーチューブなり、飛躍的に表明しやすくなりました。こうしたネット上の言論が直接民主主義の場「公共圏」となる、と九十年代には理想の場として取り上げられたこともあったのですが、無秩序な言論や差別的意見が幅を利かせることも多く、ネットの市民社会としての機能はまだまだ道半ばです。

一方、これ以外の実際に声を上げる方法にもむしろ否定的な反応が多いのが現状です。一時よりは若者が参加することが増えたデモやマーチについて学生に尋ねると、主張はわかるが迷惑をかけるデモはいけない、という意見が多く聞かれます。世界的に大きなうねりとなったグレタ・トゥーンベリさんの「未来のための金曜日」のデモも、日本ではそれほど大きなものにはなっていません。

こうしたデモが日本では比較的小規模に終わる理由は、そもそもの無関心と、それに他人への迷惑への配慮という二つが挙げられるでしょう。

しかし、同じ学生に市民社会が社会を変えた例を考えてもらうと、思った以上にたくさんでてきて、学生自身が驚きます。身近な政策レベルのことから、女性やマイノリティの人権まで、実は社会は日々、人々の声によって動かされています。

そして、個人が市民社会の一員として動ける場所として、ＮＧＯがあります。ピーター・ドラッカーは、一

(13) Victor A. Pestoff, "Third Sector and Co-Operative Services--An Alternative to Privatization", *Journal of Consumer Policy*, KluwerAcademic Publishers, 1992 から小野が単純化して作成。
(14) ユルゲン・ハーバーマス著、細谷貞雄・山田正行訳（一九九四）『公共性の構造転換』未來社。
(15) ユルゲン・コッカ著、松葉正文訳（二〇〇四）「市民社会と政治の役割」『立命館産業社会論集』第四十巻第一号。

人ひとりの人間にとって、自らの社会的地位と機能を見出すコミュニティが必要であるとして、「非営利組織のボランティアであれば、再び世の中を変えることができる」と言っています。[16] 経営学者として企業人に大きな影響を与えてきたドラッカーが社会とのつながりのためのNGOを語っているのは示唆的です。

市民社会と個人のつながりの部分については今も定まった説はないのですが、NGOがその市民の代弁者として活動していることは間違いなく、しかもそのNGOの活動は人々が参加できるかたちで開かれています。NGOに関わるとは、市民社会に関わることであり、この世界に関わることなのです。

社会を自分で引き受ける

人は自分の人生のすべてに責任がある。私はそう思っています。これには学生時代に入れ込んだフランス文学者・哲学者のジャン＝ポール・サルトルの実存主義が基盤にあります。いかなる選択も自分の責任である、というこの考え方は、貧困も海外での事故もどうせ自分の責任だろ、という「自己責任」論につながりそうにも思えますが、そうではありません。自己責任論には社会というものが大前提としてあり、それぞれの人間はその中で社会に迷惑をかけずに生きていくことを求められています。しかし私は逆に、その社会のつくりそのものに私の責任がある、と考えます。他人の失敗を許さず、相互の支援をむずかしくする社会のあり方にも、私の責任はあるのです。

社会はそもそも、人が集まってつくり上げているものです。その中で人々とどう協調していくのか、どう認め合っていくのか、できるところではどう助け合い、どうすべての人が生きやすい社会をつくるのか、そのすべてを含めての責任なのです。

三十年にわたってNGOで活動してきたのは、一言でいえば、楽しいからです。その楽しさは、自分が社会とつながっている、という感覚を直接得られるという楽しさです。フィリピンの漁師、インドの山岳民族のおばあさん、インドネシアの農民、タンザニアの画家。日本で貧困と戦う人たち、障害者を支援する人たち、障害やLGBTQや貧困問題の当事者たち。世界でも、日本でも、社会のあり方と自分の生き方を引き受けながら生き生きと生きている人たちに、たくさん出会ってきました。人間のいる社会、そして世界はこうなっている、という理解と感覚は、なににも代えがたいものです。

社会を自分で引き受ける。これが、NGOと市民社会に関わる楽しさなのです。

私のお薦め本⑥

『東南アジアを知る―私の方法―』

鶴見良行（一九九五年）岩波書店

一九八二年の『バナナと日本人』（岩波新書）で、経済成長したとたん海外から食料を買いあさり始めた日本に対して強烈なメッセージを放った鶴見良行は、なによりも旅する人でした。東南アジアの農漁村で感情移入しながら歩き回り、話しかけ、それを分析して研究するという彼のスタイルは、私がフィリピンでやりたかったことでもあって、なによりも楽しさに満ちています。私は高校時代、休みごとに東北や九州やらをヒッチハイクで旅しました。人と出会い、人と話すのが楽しかったからです。鶴見にとって研究も市民活動も、旅することとつながっています。スタディツアーに参加したりするときに、鶴見良行を読んでいくとその関わり方のヒントが得られると思います。

---

(16) 田中弥生（二〇一二）『ドラッカー二〇二〇年日本人への「預言」』集英社。

『市民の反抗』

H・D・ソロー著、飯田実訳（一九九七年）岩波書店

『森の生活―ウォルデン―』で隠遁する文学者として有名なソローが、社会の中で自分らしく生きようとする日々をエッセイとして語っています。「立法者、政治家、…彼らはめったに善悪の区別などしないので、神に仕えているつもりが、いつの間にか悪魔にも仕えている」という言葉は、「個人の意見を申し上げるべきではない」と平然と言って今までの主張と食い違う立場の大臣を務めている日本の政治家を思い出させます。奴隷制について「たったひとりの「誠実な」人間が、…奴隷の所有をやめ、…そのために郡刑務所に監禁されるならば、そのことが取りも直さずアメリカにおける奴隷制度の廃止となるであろう」と語る文は、マンデラやアウンサンスーチー、グレタ・トゥーンベリといった人々の勇気につながります。十九世紀前半のアメリカのソローのエッセイは、現代へのメッセージに満ちています。

『脱「開発」の時代―現代社会を解読するキイワード辞典―』

ヴォルフガング・ザックス編、イヴァン・イリッチ他著、三浦清隆他訳（一九九六年）晶文社

ＳＤＧｓについてひと通り学び、その理念に共鳴し始めた人に、この本は強烈なパンチを繰り出します。開発、環境、貧困、あらゆる面で根本的な変革を求められるからです。二〇二〇年の新書ベストセラーとなった斎藤幸平『人新世の「資本論」』は脱成長コミュニズムという考え方を提示して議論を呼び起こしましたが、その三十年近く前に（原著は一九九二年刊）開発主義にノーを突き付けたのがこの本。その後の現実の社会の進み方を考えると、これがすべて正しかったとは言えないにしても、今の世界の危機について正確に予言していたと思える部分もたくさんあります。

「物質的な豊かさを追求する競争が現在のまま続くなら、その競争自体が非人道的な人為的貧困を生みつづけることになるばかりか、最後には…地球そのものをも貧しくし、破壊することにもなりかねない」という一文は、今まさに有効です。日本語訳は絶版ですが、英語版原書"*The Development Dictionary: A Guide to Knowledge as Power*"は電子書籍で読むことができます。SDGsに対して多少なりとも疑問を感じたら、中古でも探して読むことを勧めます。

【第8章】寿町から学んだこと——懸命に、誠実に在る——

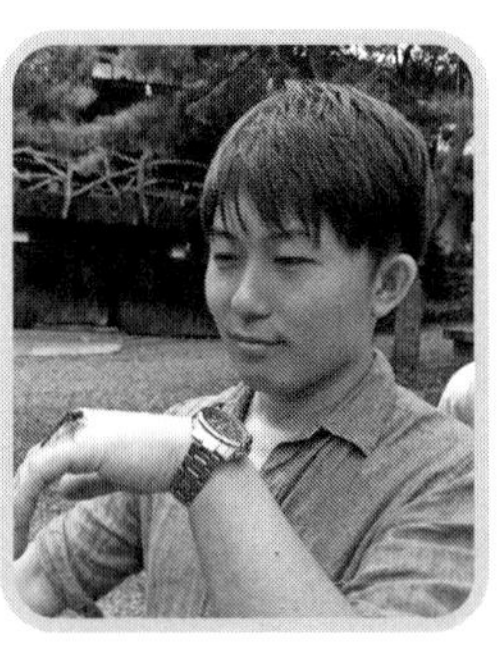

木下大樹（きのした だいき）

NPO法人職員として障害福祉サービスに従事。寿町でのボランティア活動に細く長く携わっている。
掃除＆洗濯で心がリセットされる感じが好き。"聴く"ことの奥深さを探求中。

支援者としての不全感

障害福祉に携わり、もう十年になりました。

始めた当初は「支援者としてあるべき姿」を意識し過ぎるがあまり、相談者に対して余計なおせっかいばかりしていたように感じます。「もっとこうした方がいいのに」と支援を押しつけていた時期があったと思います。最近はやっと、自分自身が障害のある方と一緒に過ごすことを楽しむ余裕ができてきました。

それでも、支援者という役割から逃げられない窮屈さを感じることがあります。そのほとんどは第三者から期待されている「支援者としての立ち振る舞い」に応えようとしている時で、結果的に相談者の気持ちに向き合いきれず、誰のために仕事をしているのかわからなくなってしまうこともありました。

また経験が増えるほど「この人はきっと、こうに違いない」と決めつけて関わっている自分に気づき、あ然とすることもありました。自分の経験をベースにパターンを作り上げ、相談者がどのパターンに該当するか振り分け、一つの事例として効率的に捌いているような感覚に陥ることもありました。

このように、支援者が支援することに慣れてしまっている状態が蔓延している結果、当事者の方も支援されることに慣れてしまっているケースも多いように感じます。生活を支える立場の支援者が、逆に当事者のバリアになっているように感じてしまうことさえあります。これらの支援者としての不全感は私を大いに悩ませましたが、それに対してどのように向き合っていくかのヒントを与えてくれたのは、横浜・寿町との出会いでした。

寿町との出会い

横浜市に寿町という「ドヤ街」（簡易宿泊所が集中する地区）があります。約三百メートル四方の空間に簡易宿泊所が密集しており、東京・山谷、大阪・釜ヶ崎と並んで「日本三大ドヤ街」と呼ばれています。ここは「日雇い労働者の街」として全国から仕事を求めて人が集まり、日本の高度経済成長・バブル期を支えてきました。

しかし、不況をきっかけに失業者が増え、現在はおよそ五千八百人の人口のうち、多くの方が生活保護を受給しています。また、住民の高齢化や、街の外から高齢者や障害者が流入してくるようになり、日雇い労働者の街は「福祉の街」へ変化してきました。

街の様子は時代とともに大きく姿を変えていますが、過去に荒くれ者の多い街という意味で「西部の街」と呼ばれていたように、現在でも「貧困の街」「危険な街」「路上生活者の街」というイメージが根強いようです。最近も、街の周辺を歩いている家族の親が子に対して「あそこは変なおじさんがたくさんいるところだから、気をつけなきゃだめよ」と話している姿をみると、寿町に対する周囲のイメージはあまり変わっていないのだろうと思います。

私と寿町の出会いは二〇〇八年夏、大学三年生の時でした。知人から紹介され、現在でもお世話になっている日本基督教団神奈川教区寿地区センター主催の「寿わーく（旧・青年ゼミ）」に参加しました。「寿わーく」は一泊二日のフィールドワークで、炊き出しや夜回りパトロールへ参加したり、当事者のお話を聞く講座を中心としたプログラムです。その際、私は春休みを利用して南米を一人旅行して帰国したばかりでした。

ボリビアでは両足を失った人が車イスも無く、お尻を引きずりながら路上を移動する姿を見かけ、「この国はなんて福祉が行き届いていないんだ」「日本での貧困の現場はどうなっているのだろう」と考えていました。しかし、寿町で見たのは、同じように車イスに乗らずにお尻を引きずって歩くおじさんの姿でした。今思えば、その時たまたま、そうだったのかもしれないと思うのですが、当時は、とても衝撃的だったのを覚えています。

肩書がいらない街・誰も排除しない街

それ以来、寿町には細く長く通い続けることになります。その理由は、寿町の文化やそこに暮らし、集まる人々に、他の地域には無い魅力を感じているからです。

一つは、寿町では肩書がほとんど意味をもたないということです。

寿町で出会う人たちと会話する時、その人が普段どんな仕事に就き、どんな生活を送り、どんな役割を担っているかは、あまり重要になりません。炊き出しや夜回りパトロール、バザー等の活動のために集った人たちの間にあるのは名前だけで、何年も経ってから「普段、そんなことやってたの？」と驚くこともしばしばです。

普段、自分に与えられた役割を果たそうと疲弊していた私は、そのままの自分がただそこに存在し、ただ受け入れてもらえる寿町という場に安心感を得ていました。一方で、自分を伝えるものが名前しかない以上、なんの後ろ盾もない、丸裸のままの自分で目の前の相手と対峙し、向き合うしかありません。そこでは誠実に、懸命に相手の言葉を辿る姿勢だけがものをいう世界がありました。

二つ目は、寿町が誰も排除しない街だということです。

寿町は町全体に一体感のようなものがあります。住民のほとんどが日雇い労働者で、景気のよい時も悪い時も共にし、町全体で運動してきた時代背景があったからかもしれません。しかし、現在、住民が寿町に来る理由はさまざまで、中には自ら希望して来る人もいますが、そうでないケースがほとんどです。病気や障害、高齢、ホームレス状態になり、社会からはじき出される形で「寿町へ行けばなんとかなる」と流れてきている人も少なくないのが実情です。

ただ、住民の構成が移り変わってきた現在でも、似たような境遇で、かつ同じような苦労を抱えてきただろうという経験が、街全体にゆるい一体感を維持し続けているように感じます。寿町では共に苦労し、生活している者を「仲間」と呼ぶのは、そういった背景があるからなのかもしれません。

私ははじめ、「寿町では排除されることもなく、福祉も行き届いているのだから、住民はさぞ満足しているのだろう」と考えていました。しかし、街の方に聞くと「出られるものなら出たい」「寿町という街は人工的に作られた歪な街。いつか無くなった方がいい」という人がほとんどでした。しかし、私はその住民の方々に悲壮感を感じることは少なく、むしろ穏やかに日々を送られているようにさえ見えます。「そのままで、ここに居ていい」という感覚は、どこで生きていくにも必要なものなのだと感じました。

一方、寿町で過ごしていると感じるのは、誰も排除しないからといって、街で関わる人同士が必ずしも仲良しという訳ではないということです。意見や考え方も違うし、それぞれ主張もハッキリしているので、衝突することもしばしばあります。しかし、夜回りや炊き出し、夏まつり、越冬闘争といった街の共通の目的において、誠実な人に対して信頼をおき、連帯することができているように思われます。

対話が病気を治す

さらに寿町で興味深いのは、依存症の自助グループであるＡＡ（アルコホーリクス・アノニマス）というミーティング（体験談のわかち合い）の存在です。寿町はアルコールをはじめとし、ギャンブルや薬物依存症のある方への支援に古くから取り組んできた歴史があり、さまざまなグループが毎日どこかでミーティングを開催しています。

クローズなミーティングとオープンなミーティングとがあり、オープンな方は当事者でなくても参加することが可能なため、私も何度かお邪魔したことがあります。基本的に司会の進行はありますが、順番が回ってきたら自分の話をし、他の人はそれをただ聞く「言いっぱなし、聞きっぱなし」のスタイルです。依存症は最後には命を落とす病気ですが、このミーティングに参加することで、今日飲まずに過ごすことができ、どんな治療よりも効果があるといいます。

当事者の自助グループで、当事者自らが語り、耳を傾け合い、そして自分たちで救われていく。そんな姿を見ていると、支援者という役割がほとんど意味のないことだと気づかせてくれます。そこには、真剣に話を聞いてくれる人がいるだけでよく、できることがあるとすれば、場を開くお手伝いをさせていただくことぐらいのものだと痛感しました。

映画を観る会・語る会

そんな寿町でＫ－ＤＥＣとして初めて関わりをもったのは、映画を観る会・語る会でした。ただ単に「集まって話をしましょう」では、主催者側の押しつけになってしまう危惧があったため、まずは一緒に関心のある作品を鑑賞し、場を共有した上での語り合いであれば成立するのではないかということで企画されました。

最初の上映会は二〇一一年十二月、作品は『どっこい！人間節—寿自由労働者の街—』[1]で、一九七〇年代の寿町を撮影したドキュメンタリー作品でした。日雇い労働者が溢れる街で起こる貧困や差別、病、死といった街のイメージが描かれています。一方で、労働者の人間臭さや力強さを強く感じる作品でもありました。

さらにゲストとして、当時、ことぶき共同診療所院長であった田中俊夫さんにもご講演いただきました。田中俊夫さんは一九六五年から寿町で活動し、五十三歳で医者になり寿町に開業された方で、当時、実際にドヤに住み込んで活動されていた時の様子を聞くことができました。作品や田中俊夫さんの話には、登場人物の物語が丁寧に語られています。作品の登場人物との思い出をじっくりと語る様子は、田中俊夫さんが街の人たちとどのように向き合ってきたかを体現しているかのようでした。

次に上映会をしたのは二〇一二年十月、『あしがらさん』[2]という作品でした。こちらもドキュメンタリーで、二十年以上も新宿で路上生活を送ってきた通称「あしがらさん」を追った作品です。残飯で飢えをしのぎ、心を閉ざして誰ともつき合わないあしがらさんと、この人をもっと知りたい監督・・・、三年にもおよぶ撮影期間の中で生まれる二人の信頼関係やあしがらさんの変化が描かれています。

寿町では路上生活の経験がある方も多く、路上でごみ箱から残飯を漁るシーン等があるこの作品を街の方に見てもらってよいのか不安がありました。しかし、語り合いの場では「俺はあしがらさんの気持ちがわかるよ」と、自らの経験を語ってくれる参加者もいて、こちらの取り越し苦労だったようでした。

---

(1) 小川プロダクション（一九七五）。
(2) 飯田基晴監督作品（二〇〇二）。

寿みんなの落語会

次の試みとして、二〇一二年十二月に「寿みんなの落語会」を開催しました。年一〜二回の定期開催を継続し、二〇一九年十月には十回目の開催を迎えることができました。プロの落語家さんにご出演していただいたこともありますが、主に大学の落研や社会人アマチュア落語家さんにご協力をいただいています。これはK-DECだけではなく、「酒とギャンブル以外に娯楽のない寿町に、少しでも文化的な娯楽を提供しよう」と有志が集まり、月一回映画会を開催している「寿みんなの映画会」の協力をえながら実施しました。

笑いを通じて街の方と空間を共有するという試験的な取り組みの中、参加者みんなで即興の大喜利大会をおこなったこともありました。街の方のふとした回答に笑ったり、なるほどと唸る場面もあり、ただ単に対話の場を開くのとは違った発見がありました。また、若い落研の学生が初めて寿町にきて、街の方と触れ合ってもらう貴重な機会にもなっていると思います。この落語会の場をどう発展させていくかは今後の課題です。

きて・ふれて・考えて

寿町に関わっていると、普段、私がいかに表面的に相手と向き合っていたのかということを痛感させられます。寿町にあるのは、肩書の必要無い、人と人との出会いだけ。相手の姿や考えていることを勝手に想像し、決め込んで対峙していては、相手の姿を正しく捉えることはできないでしょう。

寿町の内外に存在する差別や偏見は、ほとんどが相手と直接話したこともない虚構の上に成立しています。実際に街にきて、街の空気や人たちにふれ、その上で自分の身体と心が感じた感覚を辿り、考えていく。結局のところ、このような直接的な出会いや体験に勝るものはないのではないかと思います。

それは、ファシリテーターとしてワークショップに参加する時も同じです。開発教育における参加型学習では、扱いやすく洗練されたワークショップ教材が多く存在します。開発教育に関わり始めた頃は、参加者同士が出会うための仕組みやプログラム、ファシリテーターのスキルばかりに夢中になり、そのワークショップを実施するだけが開発教育と勘違いしていた時期がありました。

現在では、人はそう簡単には出会えるものではないと感じることが多いです。同じ釜の飯を食い、時間をかけて語り合うことで、やっと相手の姿かたちがはっきり見えてくる。ワークショップはそのきっかけに過ぎず、懸命に誠実に在り、相手と向き合うことだけが、場を開く者に必要な姿勢なのではないかと考えています。これから出会う仲間とも、真剣に向き合える人物でありたいと思います。

私のお薦め本⑦

『アルコホーリクス・アノニマス（ハードカバー版改訂版）』

Alcoholics Anonymous World Services Inc. 著、ＮＰＯ法人ＡＡ日本ゼネラルサービス訳（二〇〇二年）ＮＰＯ法人ＡＡ日本ゼネラルサービス

一九三九年に初版が発行されて以来、様々な言語で翻訳され、ＡＡの基本テキストとして世界中で活用されています。ＡＡの起源や回復のための「ＡＡの十二のステップ」についても丁寧に説明されています。特に興味深いのは、ハードカバー版に収録されている日本編十二名の回復の手記です。語り手が正直に自分をさらけ出し、そこから仲間と共に回復へ向かう姿に触れていると、まるで自分がＡＡのミーティングに参加しているようです。

『風の自叙伝―横浜・寿町の日雇労働者たち―』

野本三吉著（一九八二年）新宿書房

横浜市の職員であった作者が、寿生活館職員として一九七二年から一九八二年の間に出会った日雇労働者を描いたノンフィクション作品です。

この頃、作者自身も寿町の簡易宿泊所で生活しており、寿町で暮らす一人の生活者としての視点からも、労働者一人ひとりの物語がリアルに語られています。街に活気が溢れ、現在にもつながる労働者の運動が盛んになっていった一九七〇年代の寿町を直に見ることは叶いませんが、この本はそれを追体験させてくれます。

［第9章］共に生きる世界へ―ボランティアの現場から―

大江　浩（おおえ ひろし）

社会福祉法人興望館常務理事。YMCA及びJOCS／日本キリスト教海外医療協力会を経て現在に至る。早稲田奉仕園評議員。明治学院理事／評議員。アジアキリスト教教育基金（ACEF）監事。
出会うことが好き。地域と世界をつなぎ、暮らしと平和をつなぎ、人と人とをつないでいきたいです。

初めに、私のことについて

私の略歴から始めたいと思います。私は大学で心理学を専攻する傍ら、ボランティアとしてキャンプリーダーの活動に従事しました。大学卒業後、一九八〇年に神戸ＹＭＣＡに入職し、その後横浜ＹＭＣＡ、ＪＯＣＳ（日本キリスト教海外医療協力会／ルーツは京都大学ＹＭＣＡ）、日本ＹＭＣＡ同盟を経て、二〇二〇年四月より百年の歴史をもつ地域福祉事業（セツルメント）をおこなう興望館に移りました。「セツルメント」については後ほど述べたいと思います。

まず初めに、阪神・淡路大震災の支援の現場から気づかされた地域の諸課題を、多文化共生という視点から考察したいと思います。

多文化共生と地域の諸課題

ⅰ阪神・淡路大震災が浮き彫りにしたこと

一九九五年一月十七日午前五時四十六分、犠牲者六千四百三十四人、行方不明者三人。阪神・淡路大震災を示す「いのち」の数字の一部です。四半世紀前の「過去」の大災害の記憶は、私の心に鮮明に刻まれています。当時、私は神戸ＹＭＣＡスタッフとして被災者支援の最前線となった計三カ所のＹＭＣＡ震災救援ボランティアセンター（西宮・三宮・西神戸）のバックアップに奔走しました。

阪神・淡路大震災。一分一秒が分けた生と死。百人いれば百通りの「その瞬間」がありました。生き残った人百人には百通りの今を刻む時があり、百通りのこれまでの二十六年間の人生と歩みがあります。

阪神・淡路大震災 1.17 のつどい（写真提供：神戸市）

ⅱ「多文化共生」～居住権は、基本的人権

震災は、地域社会の潜在的な問題を明らかにしていきました。西神戸ＹＭＣＡ震災救援ボランティアセンターがあった神戸市長田区は在日コリアンの方々に加え、主にベトナムからの定住難民の集住エリアでした。ベトナム定住難民の人たちは避難所に入らず、公園にブルーシートを張って寒さや雨露をしのぎながら避難生活をする人々もおられました。少数者は日常生活においても地域の周縁で生き、非常時にはさらに援助から遠い存在になります。私たちは、多文化共生社会の前に立ちはだかる「見えない壁や溝」を痛感しました。

災害発災後、避難所はどこか、救援物資や支援サービスはどこで得られるかなどの災害時の一次情報は「日本語」のみでした。「日本語」の読み書きが難しい外国にルーツのある方々は、情報の「蚊帳(かや)の外」でした。神戸は横浜と同様に国際港湾都市で、開かれた多文化共生の街であるはず、でした。「多様性を受け入れ、違いを認め合って生きる」といったような「綺麗ごと」とは程遠い現実がありました。その後、震災の教訓として災害時の多言語情報の重要性の認識が高まっていきました。

震災から一年半後の一九九六年六月にトルコで開催された第二回国連人間居住会議（ハビタットⅡ）では、「適切な環境のもとで暮らす居住権は基本的人権である」との宣言が採択されました。神戸から参加したＮＧＯ仲間からそのイスタンブール宣言が報告され、多文化共生は人権の問題であると、認識を新たにしました。

ここで少し長田・鷹取地区のことについて述べたいと思います。鷹取地区のカトリックたかとり教会は、震災を契機に、多文化共生の街づくりをめざす救援基地として、全国・世界が注目することとなりました。カトリックたかとり教会とその敷地には神戸アジアタウン推進協議会、被災ベトナム人救援連絡会、ＦＭわいわい、たかとりコミュニティセンターなど震災支援と共に多文化・多民族・多言語の共生のための活動と情報発信の拠点となりました。

ⅲ震災支援のただなかでの「難民ワークショップ」

《神戸・兵庫》と《横浜・神奈川》には共通項があります。日本におけるインドシナ難民（いわゆるボート・ピープル）の受け入れという点における《姫路➡神戸》と《大和➡横浜》という人々の移住・定住の流れです。震災支援の傍ら、震災前から企画されていた神戸のアジア福祉教育財団難民事業本部関西支部が主催するシリーズ「難民ワークショップ」の実施に協力をしていきました。その運営は、神戸ＹＭＣＡを事務局とする「神戸開発教育研究会」というＹＭＣＡスタッフと教員で構成する仲間たちやアムネスティ・インターナショナル日本関西連絡会スタッフなどをコアメンバーとして始まりました。難民事業本部関西支部は震災当時、西神戸YMCAの会館に入居していました。ベトナム定住難民のコミュニティにあるからです。「難民ワークショップ」は「隣りの難民・移民」を理解することから始まった企画ですが、「震災被災者の救済が最優先で、難民理解どころではない」という声もありました。「被災者」と「難民」に通底する問題、即ち「少数者として括られ、特別視され差別され排除される視線」を痛感したことを覚えています。

ⅳカトリックたかとり教会の「奇跡のキリスト像」

阪神・淡路大震災の時、長田・鷹取地区は大火災に見舞われ、カトリックたかとり教会周辺もまさに戦後の焼け野原状態でした。その時、奇跡的に焼け残ったカトリックたかとり教会敷地内の、手を十字架のように真横に広げたイエス・キリストの像が見事に教会の手前で大火を防いだように映り、「奇跡のキリスト像」とメディアが大きく報じました。

奇跡のキリスト像（写真提供：たかとり救援基地）

お話を「震災前」に巻き戻します。私は震災の一年前まで神戸YMCAの外国語教育の担当でした。当時、神戸市教育委員会から「市内の小中学校に在日ベトナム人児童が増えているので、教員向けのベトナム語講座を開設してほしい」との依頼がありました。ベトナム語の講師探しは容易ではなく、カトリックたかとり教会の神田裕神父に相談に伺いました。

神田神父曰く、「ベトナム人の人たちは生活を支えるために休みなしで働いて忙しい。子どもの世話はおろか、人にベトナム語を教える時間なんてない」というお話でした。確かにそうなのでした。併せて、親の世代は母国語以外の日本語が話せない。子どもたちは逆で日本語を話せてもベトナム語が話せないので、親子のコミュニケーションが難しいということも知りました。最後に神田神父がお話しされた次のエピソードが強く印象に残りました。

「カトリックたかとり教会は、定住ベトナム人の方々の移住が進み、日本人信徒よりもベトナム人信徒が増えた。そのベトナム人信徒が母国からキリスト像を取り寄せたいという要望が出されたが、日本人信徒はそれに賛成ではなかった。しかし話し合いの末、ベトナム人信徒の要望を受け入れることとなりキリスト像を母国から船便で取り寄せることに決まった。キリスト像は『みこころのキリスト像』で通常は緋色の衣をつけているが、『たかとりのキリスト像』としてオリジナルとし、衣を緑に塗り替えて今のキリスト像が建てられたのです」（神田神父談）と。他国へ逃れることを余儀なくされたベトナムの人たちにとって暮らしと祈りと交わり、即ち信仰共同体の中心に教会があり、アイデンティティの象徴としてキリスト像があることに改めて気づかされた次第です。

∨きっと奇跡は、起こる

以下は、「奇跡のキリスト像」にまつわるもう一つのエピソードです。神田神父曰く、「キリスト像は一九九二年にベトナムから船に乗ってやってきた。いわばボートピープルだ。不審物の疑いがあると一カ月ほどは港から出してもらえなかった。やっとのことでたかとり教会にやってきた。たかとり教会に最初のベトナム人家族がやって来たのは一九八〇年のことだった。ベトナム脱出を何度も失敗し投獄され、やっとのことで日本に、そしてたかとり教会にやってきた。……しかし十五年たった今、もし問われることがあったとすれば、きっと言うだろう。キリスト像は奇跡を起こしたと。三十年前に船に乗って私たちのところにやってきたベトナム人たちは、本人たちの意識のせぬところで、たかとり、そして神戸のまちづくりの大切な要素になっている。キリスト像の台座にはベトナム語、韓国語、日本語で聖書の言葉が刻まれている。『互いに愛し合いなさい』と。お互いを大切にし合って関わるならば、きっと奇跡は起こるのだと確信している。二〇一〇年一月十七日。私たちは震災から十五年を迎える」[1]。

震災前、日本人信徒とベトナム人信徒との間の意見相違の象徴であったカトリックたかとり教会の「奇跡のキリスト像」は震災後、復興と共生のシンボルとなりました。「多文化共生」を考える時、無知・無理解・無関心という三つの「無」が「見えない壁」として互いを隔て、時には排除のための理由（言い訳？）を与えます。震災というフィルターを通して私たちの「素」の地域の姿は社会の写し鏡のように見えました。私たちはそれでもなお、対話と理解の努力をもってその「壁」を乗り越え、いつの日か共生へとつながっていくのだと信じたいと思います。

vi 神戸から横浜へ

阪神・淡路大震災から七年後、私は二〇〇二年四月に横浜YMCAに移りました。勤務先は横浜中央YMCA（関内）で、横浜スタジアム、官庁・ビジネス街、観光地MM21ゾーン、日本最大の中華街、おしゃれな石川町・元町、外国人宣教の足跡が残る旧外国人居留地区、そして線路を隔てた向こうにある国内第三の寄せ場・寿地区という多様なコミュニティが隣接するモザイクエリアです。私の担当職務であった地域・国際事業を通じて、横浜中央YMCAの館外・地域活動としての寿地区への支援、同会館内に拠点を置く「かながわ外国人すまいサポートセンター」、「K‐DEC（かながわ開発教育センター）」などさまざまなプログラムへ関わる機会が与えられました。

横浜に来て初めて寿地区を訪れたのは越冬に向かう時期でした。炊き出しのために並ぶホームレスの人たち。その時、阪神・淡路大震災で炊き出しに並んだ人々の光景が重なりました。私たちにとっての「震災」という非日常は、寿地区に住む人々にとっては日常でした。大阪の釜ヶ崎地区を訪れた時、釜ヶ崎に住み、釜ヶ崎の人々と共に生きておられる本田哲郎神父の言葉を思い出しました。「イエス・キリストは炊き出しを差し出す側ではなく、受ける側の人々と一緒に並んでおられる」という言葉です。キリスト教的に言えば、「貧しく小さく弱くされた人々の側に立つイエス・キリスト」です。

神戸から横浜に移ってもう十九年。私の所属教会も寿地区センターを支援していますし、K－DECも寿落語や映画会などのプログラムを続けていますが、寿地区との関わりを通して「経済格差・社会的な孤立・超高齢化・関係性の貧困」という私たちの社会の縮図を見ています。開発教育的に言えば、グローバルな開発課題が足元のローカルな現場から見える、という表現になるでしょうか。多文化共生への取り組みにおいて、《神戸・兵庫》と《横浜・神奈川》は、地続きです。その大切な連結点に「震災」という悲劇がありました。私にとって不思議な巡り合わせです。

「ボランティア」を巡る考察

i ボランティア元年としての阪神・淡路大震災

阪神・淡路大震災は、「ボランティア元年」という社会現象をもたらしました。次に、①ボランティアの起源、②関東大震災とYMCAの救援活動、③市民社会の開拓者である賀川豊彦の働き、④②と③とつながりのある興望館セツルメントの働き、という四つの視点から、地域に根差したボランティアに関する考察を試みたいと思います。「ボランティアとは？」を問うことは「市民社会」そして私たち一人ひとりの生き方を問うことでもあります。

阪神・淡路大震災では、百六十万を超える人々が、突き動かされるような思いで被災地支援に駆けつけ、

（1）神田裕（二〇一〇）たかとりコミュニティセンターメールマガジン「たきび」『ひろっちんの日記』一月一日号。

「ボランティア元年」という社会現象となり、NPO法成立（一九九八年）の大きな原動力となりました。後述する阿部志郎氏は、『ボランティアへの招待』[2]で、沖縄の「ちむぐりさ（肝が苦しむ）」、聖書の「憐れむ」（マタイ第九章三十六節）がボランティアの原点である、としています。心が震えるほどの、止むに止まれぬ想いが人を誰かのために動かします。

神戸のNGOの仲間たちは、「ボランティア元年」を特別に意識せず、ありのままで「困ったときはお互い様」と声を掛け合い、活動を始めました。私たちの合言葉は「誰一人、取り残さない」でした。SDGsの"Leave No One Behind"につながる考え方です。その後、国内外で多発する災害支援に赴くボランティアの行動範囲は拡大し、被災地と被災地、人と人とがつながる「震災がつなぐ世界」が広がっていきました。

ii 「ボランティアの起源」について

ここで、改めて「ボランティアの起源」について考えてみたいと思います。阿部志郎氏[3]はボランティアの起源をこう述べます。

「…ボランティアを支えるボランタリズムとは、元来、国教として税金で維持される宗教制度から分離して、信者が自らの献金で宗教を支える意志を表現する宗教用語である。教会と国家の関係において、国家の優越性を認めず、また国家から教会への援助を拒否し、教会は教会員によってのみ維持されるべきであるとの主張である。

…ボランタリズムの思想を確立したプロテスタントは『ディセントの伝統』に根ざしていた。ディッセントとは、宗教上の権威、伝統、形式、特権にたいして『異議を申し立てる』ことにほかならない。この伝統が、労働組合・協同組合・セツルメントや社会事業の働きを発達させたボランタリー・アソシエーション（任意団体）を形成することになり、ここからボランティアの活動が展開されたのである。それは、ある意味ではキリスト教の市民社会化ともいうべきものなのかもしれない…」。[4]

ボランティア論は幾多ありますが、しかし、私はこの阿部氏が示す「宗教用語としてのボランタリズム」、「キリスト教の市民社会化」という言説に、深い示唆と共感が与えられました。この本の刊行は、阪神・淡路大震災の十四年前の一九八一年でした。

ボランティアの伝統に「異議申し立て」があるとの阿部氏の指摘は、説得力があります。その指摘に、阪神・淡路大震災の時、NGOとボランティアによる支援活動において大きな足跡を残した故草地賢一[5]氏の言葉、「（ボランティアは）言われてもしない。言われなくてもする」を思い出します。「ボランティアは、『オカミ』からの要請ではなく、必要に従って自発的に動く」という意味です。神戸と横浜・神奈川との縁もある草地氏（元神戸及び横浜YMCA主事）は、ボランティアの行動原理としての任意性・主体性を強くアピールしました。

iii 関東大震災とYMCAの救援事業

近代日本の市民社会におけるボランティアの働きの原点として、九八年前の関東大震災の時代に注目したいと思います。関東大震災は、主に東京・神奈川エリアを襲った巨大災害（百九十万人が被災、約十万五千人が死亡ないし行方不明）でした。

「…神戸市基督教連盟（神戸市内各教会とキリスト教主義団体など）の傘下に加えられていたYMCA（キリスト

（2）阿部志郎（二〇〇一）「新しい福祉コミュニティの実現へ」岩波書店編集部編『ボランティアへの招待』岩波書店、三十一～三十三頁。
（3）阿部志郎氏（一橋大学YMCA出身）は、日本のキリスト教社会福祉事業の偉大なる指導者であり、横須賀基督教社会館長・明治学院理事長・神奈川県立保健福祉大学学長などを歴任された方です。
（4）阿部志郎（一九八一）『日本人と隣人―隣人と関わる―』、日本YMCA同盟出版部、二百一頁。
（5）震災当時、PHD協会総主事（PHDは Peace, Health and Development の略）でした。

教青年会）は、震災翌日の（九月）二日に下山手（の）青年会（ＹＭＣＡ）図書館に、連盟加盟団体の代表者六十名を集め、賀川豊彦を臨時座長として『震災救援事業』を開始、直ちに当日午後四時出帆の山城丸に賀川らは便乗、慰問調査に赴いている。同三日、それまでに寄せられた慰問品を携えて第三便が備後丸で後続している。（中略）この時の青年会の活動はソーシャルワークへと青年会関係者を開眼させた」[6]。

関東大震災における東京ＹＭＣＡの救援事業は、「（1）テント救護所による救護人員―四万五千名、（2）少年慰問事業―二万五千名、（3）救援事業経費十一万四千円（※当時の一円＝一万円に換算すると、貨幣価値としては十一億四千万円にものぼる）」と記録にあります[7]。

関東大震災の時、東京及び横浜のＹＭＣＡは、海外のＹＭＣＡや諸教会・キリスト教団体の支援を得て、大規模かつ幅広い救援事業を展開しました。その核心には、市民によるボランティアやネットワークといった非日常での支援を日常的なソーシャルワークへつなげる発想や、困窮する人々の救済の根底にある国境を越えたキリスト教の隣人愛と奉仕の実践がありました。

賀川豊彦（写真提供：雲柱社）

ⅳ賀川豊彦～世界を見つめ、地域に生きたその生涯

賀川豊彦は、関東大震災の救援活動を持続可能なソーシャルワークとして展開するために「本所基督教産業青年会（ＩＹＭＣＡ）」を設立しました。賀川は、神戸市新川のスラムに定住しセツルメント活動をおこなった牧師であり、労働運動や農民運動・生活協同組合など幅広く社会的な活動を起こした開拓者でした。

「セツルメント」とは、貧困や困窮にあえぐ人々の集住地域に移住・定住し、その地域の福祉課題への支援や生活改善を通してその地域住民と共に生きようとする活動のことです。身近な例で言えば、K‐DECとつながりのある日本キリスト教団神奈川教区寿地区センターでしょうか。セツルメントは有志が集まり、ボランタリーな形で始まります。必ずしも最初から専従スタッフがいるわけではありません。きっかけは、その支援を必要とする地域への共感と行動です。

賀川は、外国人宣教師により中学時代に洗礼を受けた後、明治学院に学びました。聖書の教えとトルストイの反戦思想に影響を受け、人道主義、無抵抗主義、非戦・平和主義の思想をもつようになりました。賀川は一九二四年・二七年と二度「子どもの権利」を提唱しています。一九五九年の国連「児童の権利に関する宣言」の遙か前のことです。その土台は、スラムでのセツルメントでした。また賀川は晩年、世界連邦運動に取り組み、一九五四年から三年連続でノーベル平和賞候補者となった人でもありました。世界を見つめ、地域に生き・抑圧された人々の側に立ち・市民の連帯が社会を動かすことを信じ、平和で公正な世界の実現のために行動した人でした。(8)

∨興望館とセツルメント

ＹＭＣＡの他にも賀川の関東大震災の救援事業に協力した団体がありました。興望館でした。今、私はその興望館での職務に就いています。社会福祉法人興望館は、一九一九年に（現在、東京都墨田区の）本所松倉町で活動を始め、四年後の一九二三年に与えられた会館開所式の直後に関東大震災によって同会館は焼失。その敷地の一部を賀川豊彦の震災救援の拠点として提供し、救援活動が始まったのでした。

（6）神戸キリスト教青年会（一九八七）『神戸とＹＭＣＡ百年』神戸ＹＭＣＡ、百七十三～百七十六頁。
（7）奈良常五郎（一九五九）『日本ＹＭＣＡ史』日本ＹＭＣＡ同盟出版部、二百三十七～二百三十八頁。
（8）牧田稔（二〇一二）『ほいくの窓―賀川豊彦献身百周年を覚えて―』私家版、九十四、九十六頁。

興望館（創立：1919年）（写真提供：興望館）

興望館はもともと、日本キリスト教婦人矯風会の外国人宣教師が、当時、抑圧され虐げられていた女性と人権を擁護するために、託児・授産・診療などの生活改善を通して困窮する人々の救済を目的として活動を始めた団体です。日本キリスト教婦人矯風会（一八八六年創立）は、廃娼運動や禁酒禁煙運動を展開した会でもあります。

ここで少し、興望館の現在の活動についてご紹介します。活動の柱は、墨田区の保育園や学童保育をはじめとする地域活動と、軽井沢町の児童養護施設・沓掛学荘です。保育園のルーツは、託児所。沓掛学荘は戦時中の一九四〇年に開設され、その後東京の出征遺母子や疎開児童・戦災孤児を収容し、その地に根づいて今も「都外」施設として続けています。

児童養護施設の児童の多くは、被虐待経験者であるという深刻な家庭事情があり、施設を出た後も社会的な自立支援が必要な卒業生も少なくありません。児童家庭福祉の背景には、経済的な格差や差別・貧困という現実があります。

今まさにホットな話題として、「コロナ時代」の興望館のことにも触れておきます。興望館セツルメントは、貧しく衛生状態も乏しく栄養も足りていない地域での活動が出発点でした。百年にわたる保健・衛生教育と食育の実践は、現在のコロナ禍の状況下でも活かされています。奇しくも百年前はスペイン風邪の世界的流行の時代でした。スペイン風邪は世界中で推計五億の感染症例と死者五千五百万人（推計）という感染症クライシスでした。日本でのマスク着用や手洗い・うがいなどの衛生習慣はスペイン風邪の後に始まったとされています。

スペイン風邪流行当時の興望館の活動の現場は、命がけの「戦場」のような状況だったでしょう。コロナ禍の今、通常保育や養護の活動に加え、感染症予防と熱中症対策に献身的に子どもたちと向き合う職員やリーダーの姿にそのＤＮＡが受け継がれています。その背景に、奉仕を通して人々（地域）に仕えるという考え方を見ます。

ⅵ 興望館とＹＭＣＡの歴史から

「興望館創立のきっかけは、一九一九年一月二十九日、明治学院構内のヘレン・ライシャワー宅でおこなわれた勉強会である。出席したのは、日本基督教婦人矯風会外人部会員三十九名。講師のマール・デビスは、東京・長崎ＹＭＣＡの主事であり社会学者でもあった。デビスは、この三年前に米国ハワイにあるパラマセツルメントを視察した。この視察をきっかけに、帰国後、東京下町の困窮地域を調査し、セツルメントとしての方向を示唆したのである」[9]。興望館誕生の前史として、日本のセツルメントの草創期にＹＭＣＡと興望館の接点がありました。

興望館の野原健治館長は百周年記念誌で、さらにこのように振り返っています。

「興望館百年の歴史は決して坦々たるものではなかった。関東大震災、大恐慌、軍国主義、東京大空襲、軽井沢町疎開、敗戦と戦後の混乱など、事業存続困難の危機にたびたび遭遇した。しかし、さまざまな難局に直面しながらも、地域の人々とともに困難に立ち向かい、果敢に乗り越えてきた軌跡であったとも言えよう。この歴史の根幹を貫くものはセツルメントの思想とキリスト教精神であった」[10]と。興望館創立の後、数々の大きな艱難を乗り越えて、興望館の今があります。セツルメントの働きを支えたのは「絶望の中にあっても人々は必ず、救える」という理想と希望です。

（9）興望館百周年記念誌編集委員会（二〇一九）『興望館創立百周年記念誌―希望の扉―』興望館、六頁。
（10）前掲書、六頁。

興望館の名は、「希望を興す」の意味で、その由来は旧約聖書ホセア書第二章十七節から来ています。興望館創立百周年記念誌のサブタイトルは「希望の扉」。《扉》は開かれるためにあり、その《扉》を開くのは、人（たち）であり、想いであり、志です。

興望館の源流となる世界初のセツルメント運動は、一八八四年に英国ロンドンで生まれました。経済学者・歴史家のアーノルド・トインビーの遺志を受け継いだＳ・Ａ・バーネット（牧師）とＨ・バーネット夫妻が、トインビー・ホール（セツルメント・ハウス）を設立し、ロンドンの極貧地域での救貧活動をおこなったことが始まりです。一方、私が延べ四十年在籍したＹＭＣＡ[11]は、一八四四年に英国ロンドンで誕生しています。セツルメントとＹＭＣＡ、発祥の地である英国ロンドン。時代は「産業革命」の後、ＹＭＣＡとセツルメントは経済発展と都市のスラム化という社会の光と影の只中で、人々はなぜ生き、誰と共に生きるのか、という根源的な問いから生まれた運動でした。先述した阿部志郎氏が示されたキリスト教精神を中心としたボランタリー・アソシエーションとして。

最後に～共に生きる、ということについて

私と開発教育とのつながりは三十年になります。神戸ＹＭＣＡ時代に神戸開発教育研究会のメンバーと共に開発教育地域セミナー（当時）の事務局を担当したことに始まります。開発教育との関わりを通じて、私自身の世界観が大きく変えられてきました。

開発教育において、"Think Globally. Act Locally." は重要な言葉です。この言葉は、一九八〇年、東京ＹＭＣＡ（設立一八八〇年）が百周年を記念してスローガンとして掲げたものです。世界各地で誰かが誰かの助けを求めている一方、身近な所でも誰かの支えを必要としている人がいます。私たちは、遠く海外に目を向けるとともに、足元を見つめながら「あなたは何者か？あなたの隣人とは誰か？」と考えるものです。「隣人」とは

物理的な距離ではなく国境やさまざまな分け隔てを越えて「共に生きたい」と願う人のことを指します。「国境やさまざまな分け隔てを超えて、共に生きたい」と願い、義憤を抱き、理想に燃えて自発的に行動を起こした人々の群れ—その実例の一つがＹＭＣＡであり、賀川豊彦に代表される社会活動家であり、興望館などのセツルメントにコミットした人々でした。セツルメントの始まりのもとには貧困に苦しむ地域の社会調査がありました。共生を目指して社会を、地域を変えなければ、という想いを裏づけるための科学的な手法が用いられたのでした。有志（ボランティア）によって始められた活動は、時代を超え社会情勢の変化を超えて、その時々のニーズに応じて活動の変遷を遂げつつ、持続可能な形で今も生きています。

私はそのことに、「共に生きる社会に向けた」ボランティア・ムーブメントの「生き様」を見ます。社会事業はその目的が達成されれば（支援または開発のニーズがなくなれば）、その活動の使命を終えるという根本課題を抱えつつ存在する宿命をもちます。しかし残念ながら、社会的ニーズの背景にあるさまざまな地域・社会・世界で改善されるべき諸問題は複雑化と深刻化の一途をたどっています。だからこそ今「共に生きる」ことの原点に返り、ボランティアの存在理由に着目しなければなりません。

「共に生きたい」と願うなら、私たちは「まず、関心をもつこと」から始めなければなりません。マザー・テレサは、「愛の反対は、無関心である」と語りました。国内の貧困問題、難民・移民、ホームレスや「無縁社会」などさまざまな困難な中で生きる人々を取り巻く問題等々、他人事を自分事に引き寄せて、自分と向き合うことでもあります。世界で身の回りで起こっていることについて、自分とどのようなつながりがあるのか？に想像力を働かせてみれば、ある声が聞こえてきます。「あなたにできることがありますよ」と。

“Think Globally. Act Locally.”は、平和を築くキーワードです。「世界を見つめて、地域に生きる」もよし、

（11）Young Men's Christian Association ＝キリスト教青年会。

界に生きる」もよし。その言葉を多様に捉えたいと思います。確かなことは、私たちはさまざまな形で課題解決に関わりうる存在であるということです。

私たちは「微力」ではあっても、「無力」ではない

この本の趣旨である神奈川に根差した開発教育の実践や学びつくりについて有効な提案はできませんでした。ただし、震災という非日常と日常は地続きであるという認識に立ち、「地域を掘り下げ、世界（社会）へとつなげる」、そして自らの経験を「過去・現在・未来へとつなげる」試みとして、いくつか現場事例をご紹介しました。事柄を横軸・縦軸で捉え、広げ深めてみること、そのプロセスからの学びや気づきが大切ではないか、というメッセージとご理解いただければ幸いです。学びの過程で喜びを見出し、仲間を見つけること、できることに関わってみること、何より続けてみることが大事ではないかと思います。

私たちは今、世界各地が分断や対立に満ち、憎しみや暴力によって「共に生きられない」世界の現実を目の当たりにしています。一人ひとりの力は限りがあり、ボランティアも万能ではありません。私たちは時に無力感に苛まれることもあります。一方、私たちは国家という枠組みではなく、さまざまなボーダーを越えてつながり、行動することが可能な世界に生きてもいます。私たち一人ひとりは、「微力」ではあります。しかし、決して「無力」ではありません。新しいつながりを生み出し、ボランティアが何かを変え、公正で平和な共生社会を実現していく日が来ると思います。いつか必ず。きっと。

私のお薦め本⑧

『人間の大地』

犬養道子（一九八三年）中央公論社

「全世界的な大問題は、今世紀までに頂点に達する。（それを放置するなら）われらの子どもたちは死の脅威をまぬがれ得ない」（ウィリー・ブラント）。著者は、初めに元国連事務総長たち三名の警世の言葉を引用しています。世界を見つめ、その地の、その人々の声なき叫びを静かにしかし鋭く訴えた古典的名著です。

開発教育を考える時、問題の本質を読み解き、深い洞察をもって私自身とのつながりを発見することが出発点になります。人は、他人事ではなく自分事として捉えて心動かされたときに次の一歩を歩み出します。そして踏み出したその「一歩」が「道」になります。

この書の最初に「舟の人々」、いわゆるボートピープルのリアリティとそして私たちの国、日本の姿の物語が描かれており、衝撃の事実をもって私たちに迫ります。グローバル社会の現実と私たちの身近な地域の現実を結びつけながら、私たちは誰と共に生きようとしているのか。そのことが問われる、重要なメッセージが込められている渾身のドキュメントです。

『子どもたちの戦争』

マリア・オーセイミ著、落合恵子訳（一九九七年）講談社

「かちかち鳴るおもちゃが、心の中で手榴弾の音に変わる」…これがこの本のサブタイトルです。「失われた子ども時代」（レバノン）・外国の伏兵（エルサルバドル）・子ども同士が殺し合う国（モザンビーク）・隣に住む敵（ボスニア・ヘルツエゴビナ）・もう一つの戦場（アメリカ・ワシントンDC）。世界各地の戦禍で生きる子どもたちの現実とＳＯＳに深く心動かされます。

自身が戦争という暴力に満ちた子ども時代を過ごしたレバノン出身のドキュメンタリー映画の監督であるマリア・オーセイミ。「戦争の悲惨な真実から眼をそむけるのは、簡単なことだ。これは、遠いところで、関係のない人に起こった悲劇だ、と考えればすむ。…しかし、子どもの語ることばに耳をかたむけ、その苦しみの証人になることを怠ってはならないはずだ。なぜなら、子どもたちの声は、あまりにも長いあいだ、かき消されてきたのだから」。これ以上の説明は不要でしょう。必読の書です。

『絵本「ポーポキのピース・プロジェクト」シリーズ』
ロニー・アレキサンダー（二〇〇五年〜）岩波書店・エピック

作者のロニー・アレキサンダーさん（神戸大学院国際協力研究科教授）は、国際関係学や開発に関する諸問題やジェンダー・平和構築に至るまで幅広く教育活動に従事し、阪神・淡路大震災を契機に各地の被災者支援にもアクティブに行動する平和活動家です。ロニーさんは、二〇〇五年十二月に岩波書店から刊行した「岩波DVDブック Peace Archives 平和ミュージアム」を皮切りに、絵本「ポーポキ、平和ってなに色？」「ポーポキ、友情ってなに色？」を通じた Peace Project に取り組んでいます。

ロニーさんは、「平和って　なに色？　平和って　どんな音？　平和って　どんな味？　平和の感触ってどんなもの？　平和って　どんなにおい？」と問いかけます。平和は、実に多様です。平和は見、聴き、味わい、触れ、嗅いだりすることによって、実像・核心が見えてくるのだと、この絵本は教えてくれます。私たちは平和について複雑かつ難しく捉えがちですが、意外と「シンプル」なのだ、とも。平和＝多様であるならアプローチも多様であってよいと。読後に心がほっこり温まる絵本でもあります。　＊ポーポキは、ハワイ語で「ねこ」のことです。

[第10章] 世界から地域へ
―逗子におけるフェアトレードタウン運動への軌跡―

磯野昌子（いその よしこ）

逗子フェアトレードタウンの会共同代表。

認定NPO法人地球の木理事長。

明治学院大学ボランティアコーディネーター。元フェアトレードショップ&カフェ@MAREのオーナー。

思わず身体が小躍りしてしまう音楽と、海と空が一体化する景色（逗子海岸から見る夕焼け）が好き。

マザーテレサに憧れて

私はマザーテレサになりたいと思っていました。

中学生の時、マザーテレサが初来日。直接会うことはできませんでしたが、連日のようにテレビ報道され、学校で課題図書に出されて読んだマザーの生き方に感銘を受け、将来は自分も世界の貧しい人々のために貢献したいと思うようになりました。

大学生になってからは、バックパッカーとしてインドやネパール、モロッコなどを放浪したり、NGOが主催するスタディツアーやワークキャンプに参加したりしながら、自分にできる国際協力とはなにかを模索していました。しかし、現場を見るほど、国際協力・援助の難しさや限界を感じることの方が多く、自分が役に立たないことを思い知らされました。

カルカッタ（現コルカタ）にあるマザーの「死を待つ人の家」は、貧しくて物乞いをするために家族によって手や足を切られたような人たちが（その方が憐れんでもらえるから）、終いには家族にも見捨てられて路上で倒れているところを助け介護をするホームです。食べ物や飲み物を運び、ただ手を握る、そのことで「あなたの命は尊い、生きてください」と態度で伝える、それこそが愛の実践なのだという話に感銘して、私もボランティアに飛び込みました。しかしながら、いざ現場に行くと愛情よりも恐怖が前面に出てしまい、ただ言われた通りにモノを運び、おどおどと手を差し出すだけで、愛の実践にはほど遠い自分がいました。

また、ボランティアをしているのは世界各国から集まってくる外国人ばかり。次々と運びこまれて亡くなっていく人たちがいる一方で、裕福に暮らす太ったインド人たちがおり、このボランティア活動は、インドの圧倒的な貧富の差と貧困の解決につながるのだろうかと疑問を感じざるを得ませんでした。

帰国してから、NGOの活動家でありインド研究者でもある大橋正明さんに話をすると、「マザーテレサはインド人に人気がない。インドは他国に施しを受けるような国ではないのに、マザーテレサは世界に対してインドを貧困の代名詞のように宣伝し、インドの尊厳を傷つけた、と彼らは考えているんだ」と言われ、大きなショックを受けました。

開発教育との出会い

開発教育との出会いは大学三年生の時。朝日新聞で紹介されていた国際協力推進協会（APIC）の開発教育の記事を見て、私がやりたいことはこれだと直感しました。私が海外にボランティアに行っても役に立たないし、ODAやNGOにもさまざまな課題があり、国際協力は正解がわからない。でも、海外で自分が出逢った人々の魅力やそこで起こっている問題を伝えること、問題解決を共に考えるための教育活動なら私にもでき

1990年に初めて訪れたネパール

るのではないかと思いました。

海外に行くと、日本での生活や価値観を客観的にみることができます。当時、私は自分がなぜアジアやアフリカ、南米といった「第三世界」と言われる国々に心が魅かれるのかがわかりませんでしたが、今思うと、そこには懸命に日々の暮らしを生きている人々がいて、圧倒的な生のリアリティがあったのだと思います。誰もが猛烈な優しさで見ず知らずの私を受け入れてくれました。

それに対して、日本ではバブル時代もポストバブルも、生きる意欲を失くし、あふれかえるモノに埋もれながらさらにモノを求める人々が、アジアやアフリカの人々をあいつらは働かないから貧しいんだとか、未開の国、遅れている、よくああいう国に行けるね、といって馬鹿にするのをとても悔しく思っていました。

ネパールでもインドでも、日本に憧れ、日本に行きたい、日本のようになりたいと言う人たちが大勢いましたが、開発援助によって日本のような国を増やすよりも、日本の私たちこそ変わる必要があるのではないかと考えた私は、開発教育について知るほど、これこそが私のライフワークだと思うようになりました。

体験が行動を変容させる

大学卒業後に高校の社会科非常勤講師となった私は、当時の開発教育を代表するエビやバナナの授業に取り組みました。日本の私たちが食べているものの背景にある海外の貧困や環境問題とのつながりを考える授業です。その頃から、「わたしにできること」の選択肢の中に「フェアトレードの商品を買う」があり、フェアトレードは身近にできる国際協力の一つの手段、開発教育が示す実践行動の選択肢として認識していました。

二十年後に自分がそのフェアトレードの世界にどっぷりと浸かっていることは予想もしませんでした。

また、私にとって開発教育の面白さは、何といっても参加体験型の学習プロセスにありました。初めて参加した開発教育協議会（現開発教育協会）の入門講座をよく覚えています。最初に「国際協力とは」というお題が出され、配布された白紙に自分なりに勉強してきた知識を書き連ねました。さらに私は究極的には「愛である」と書きました。その後、グループでパズルを完成させる競争をおこないましたが、グループでのパズル作業は意見の衝突が多く、なかなか完成しませんでした。作業後、パズルのプロセスで各自が考えたことや自身の行動を振り返りました。その後、最初に書いた紙を見てください、と言われ、私はパズルの「協力」においてまったく「愛」のない行動をとっていた自分が恥ずかしくなりました。

人の行動を変えるのは知識ではなく、体験を通して自分自身を振り返り、「ショックを受ける」ことの繰り返しによるのではないかと思います。このように開発教育は、誰にとっても同じ正解があるわけではなく、学習プロセスの振り返りにより、一人一人にとって異なる学びがあることに驚きました。

世界がもし一〇〇人の村だったら

エビやバナナを取り上げればフィリピンと日本との具体的なつながりがわかるけれども、私がよく行くネパールからは日本が特に輸入している物がない、それでは、ネパールの貧困問題と私はどのようにつながっているのだろうか、ネパールの人々と日本の私たちとの関係をどのように捉え伝えることができるのか、と悩んでいました。そんな時に出会ったのが、二〇〇一年に出版された『世界がもし一〇〇人の村だったら』[1]でした。『世界がもし一〇〇人の村だったら』は、開発教育の軸である、世界の多様性と格差とをわかりやすく表したもので、この本のメッセージを体験型のワークショップにすることで、ネパールも含めた世界全体の構造を、頭ではなく体で理解できるのではないかと考えました。

『ワークショップ版・世界がもし100人の村だったら』

そこで当時の開発教育協議会に集っていた有志で「一〇〇人村ワークショップ教材作成チーム」を結成し、一年をかけて全国各地で「お試しワークショップ」をおこない、二〇〇三年に『ワークショップ版・世界がもし一〇〇人の村だったら』の初版を発刊しました。その後、開発教育協会によって数年ごとに改訂されていますが、十五年以上が経った今も一〇〇人村のメッセージは色褪せることなく、教材は多くの人に活用され続けています。(2)

私自身も授業の中で実践したり、派遣講師として各地でワークショップをおこなってきました。同教材はカードに記された「性別」「年齢」「大陸」「言語」「識字」「格差」の各テーマによる基本アクティビティと、テーマを深め行動へと促す展開のアクティビティとによって構成されています。

中でも、ビスケットを所得格差に比例して分配するアクティビティは、世界の格差の疑似体験として参加者に大きなインパクトを与えます。参加者からは「一部の富裕層が世界の富を独占しているせいで、世界の大半が貧しいことがわかった」「豊かな私たちが貧しい国に援助する必要がある」といった意見が出てきます。一方で、中学生や高校生からは「日本に生まれてよかった」「自分が恵まれていることに感謝したい」という感想が聞かれます。富の格差があることは認識できても、学びや行動がそこで留まってしまい、構造を変えるための次なる行動へはつながらないというジレンマがありました。

それらの課題を解決するために、改訂した教材では、使用にあたっての留意事項を記し、展開のためのアクティビティを増やしましたが、学校現場では基本アクティビティを実施するだけでそれ以上に時間をかけられ

(1) 池田香代子再話『世界がもし一〇〇人の村だったら』(二〇〇一)マガジンハウス。
(2) 開発教育協会(二〇二〇)『ワークショップ版・世界がもし一〇〇人の村だったら(第六版)』開発教育協会。

ないという制約がありました。

学習を行動へつなげるのが難しいという課題は、この教材に始まったことではなく、「貿易ゲーム」など他の開発教育教材にも共通してみられる課題でした。次々と新しい教材が開発され、さまざまなテーマの体験型学習が総合学習の中で導入され、楽しいゲームのように消費されていくけれども、教員にとっても生徒にとっても学習と生活とが切り離されており、日常的な行動や生活はなかなか変わらないように思われました。

開発と参加型学習

国際協力に話を戻しますが、開発途上国では九〇年代の後半から「参加型開発」が声高に叫ばれるようになりました。開発の主体は援助機関ではなくその地域の住民であり、住民主体の開発こそが重要であるという考え方です。学生時代、援助のあり方に疑問をもち、鶴見和子の「内発的発展論」を基盤に、ヒマラヤの森林破壊を住民主体の社会林業（森林管理と村落開発）によって解決できないかという修士論文を書いた私は、「参加型開発」の理念や方法論に、強い関心を持つようになりました。

その「参加型開発」の方法論として、ＰＲＡ（Participatory Rural/Rapid Appraisal）が世界的に流行しました。ＰＲＡは、住民主体の開発を進めるために住民自身が村の調査をする方法・考え方であり、その調査の過程で自治能力が育まれることが重視されています。特に、字の読めない住民も調査に参加できるように、ビジュアル（地図、ダイアグラム、表、イラスト等）を有効に活用して情報の共有化を図ることや、外部の専門家は指導するのではなく「ファシリテーター」として住民同士の議論や調査が円滑に進むように手助けするのが役割であるという特徴があります。(3)

行動に結びつく学習とは

PRAの特徴は、開発教育で実践されている「参加型学習」と共通しており、実際にPRAがおこなわれている様子を見ても開発教育のワークショップとよく似ていました。英国で開発教育も担っているアクションエイド（ACTIONAID）などのNGOが、PRAの学習効果を重視してPLA（Participatory Learning and Action）へと発展させたことも納得がいきます。私は、ネパールなどの開発途上国における村落では、PRAやPLAが住民による開発行動に結びついているのであれば、それが日本の開発教育を行動に結びつけるためのヒントになるのではないかと考えました。

ネパールにおけるREFLECTの様子

一九九八年～九九年にかけて、私はPRA／PLAを識字教育の文脈で応用しているREFLECT(4)と呼ばれる識字教育のプログラムをネパールのアクションエイドでインターンをしながら調査しました。識字教育を単なる文字の読み書きで終わらせず、参加型でおこなうことで地域の課題を発見しその解決に結びつけることを目的としたプログラムです。「学習が行動に結びつくためにはどうしたらよいか」という私の問いに対して調査結果からわかったことは、第一に、初めから行動に結びつくようなカリキュラムを組む必要があること、第二に、行動を起こす場があること、すなわち、学習とコミュニティがつながることでした。

（3）アーユスNGOプロジェクト評価法研究会編（一九九五）『小規模社会開発プロジェクト評価』国際開発ジャーナル社、二十一頁。

（4）Regenerated Freirean Literacy through Empowering Community Techniques の略で、パウロ・フレイレの思想に基づき、手法としてPRAを用いた参加型の識字教育プログラム。詳しくは、磯野昌子（二〇〇五）「第三章 生活と教育」『シリーズ国際開発（第三巻）』日本評論社をご覧ください。

今日の学校現場では、ＥＳＤ（持続可能な開発のための教育）や「アクティブ・ラーニング」などが登場することで、教育と行動・生活・地域とが結びつくカリキュラムが組まれるようになってきたと思いますが、非常勤講師として一週間に一、二コマだけのために学校に行く私には、授業と地域での実践行動とを結びつけることができず、参加型の授業をおこなっても相変わらず教室から外に飛び出すことはできずにいました。教室内で閉じてしまう授業実践と、ネパールの現地で体感した参加型とのギャップが、のちのフェアトレードタウン運動につながっていきます。

フェアトレードタウン運動の始まり

長女が一歳を迎えた二〇〇四年、私は海と山に囲まれた自然豊かな地で子育てをしたいとの思いから神奈川県逗子市に引っ越しました。同時に、神奈川県という地域に根差した開発教育を実践することを目的としたＫ‐ＤＥＣの設立に携わりました。子育て中の私には従来のように東京でのＮＰＯ会合に参加することが難しくなり、"Think globally, Act locally!" という言葉が盛んに語られる中で、地域で活動することを意識するようになりました。

しかし神奈川県は、私には「地域」というには広すぎました。当初Ｋ‐ＤＥＣが開催していた「かながわ地球市民塾」では寿町のドヤ街や中華街、川崎のコリアンタウンなど、県内各地の社会課題とその現場に出会う取り組み（県内スタディツアー）をおこなっていましたが、参加者がそれらの地域で課題解決のための継続的な取り組みを起こすことにはつながりませんでした。

数年後、しだいに育児にかかりきりとなり家に引きこもりがちだった私を、当時、逗子市の市民協働コーディネーターを務めていたＫ‐ＤＥＣの木下理仁さんが、「まちなかアカデミー」という市民活動に誘ってくれました。大学のない逗子で「まち全体を大学のキャンパスに見立て、市内のいたるところで市民による文化・芸術・学習活動がおこなわれることをめざす」という活動に私は興味をひかれました。

二〇一一年五月、このまちなかアカデミーのモデル事業として、フェアトレード月間に合わせたイベントを企画しました。第一部は神社の境内でフェアトレード産品の販売をし、市内でフェアトレード産品を扱っている店舗の方々によるトークショーを開催しました。第二部は町唯一の映画館「CINEMA AMIGO」で、市内在住のフェアトレード研究者である長坂寿久さんによる講演会「逗子をフェアトレードタウンに！」をおこないました。同年六月に、日本で初めてのフェアトレードタウンが熊本市で誕生したことを知り、フェアトレードを通したまちづくりの活動に、これこそ「Think globally, Act locally」といえるのではないかと思いました。

イベント終了後、長坂さん、木下さん、私の三人は、逗子のフェアトレードタウン化を決意し、参加者に呼びかけて「逗子フェアトレードタウン勉強会」を発足しました。後から振り返ると、発起人となった三人が、運動の理念を支える研究者、市民と行政をつなぐ職員、地域活動の担い手となる主婦という組み合わせだったことは、フェアトレードタウン運動を展開するうえで絶妙のバランスでした。

六人でスタートした勉強会は次第に人数が増え、内部の勉強会ばかりでなく外向けに発信しようということで、会の発足から四か月後に最初のイベントを開催しました。NGOのシャプラニールがネパールとバングラデシュからフェアトレード石鹸の生産者をトレーニングのために招聘しており、ホームステイの受け入れ先を探していたことから、逗子で受け入れると同時に、生産者の話を聞くイベントを開催したのです。

この時、フェアトレード産品にこめられたストーリー、すなわち、その産品が誰のどのような背景で作られたモノなのかを具体的に知ることが重要だと実感しました。バングラデシュで貧困の故に売春宿に売られてしまった女性たちが石鹸づくりを通して自立した生活を送れるようになるだけでなく、自分自身を受け入れられるようになったというストーリーは、石鹸を使う度に私をバングラデシュの女性たちを思い起こさせてくれます。それまでの私は、フェアトレードを買い物を通した国際協力としてのみ捉えていたのですが、むしろフェアトレードは世界と自分をつなげる開発教育の教材そのものになり得るのだと気づきました。

逗子におけるフェアトレードタウン運動の展開

「フェアトレードタウン」とは、市民も企業も行政も学校も、まちぐるみでフェアトレードを推進している自治体を指します。二〇〇〇年にイギリスのガースタング市で初のフェアトレードタウンが誕生して以来、今では世界約三十カ国に広がり、フェアトレードタウン数も二千以上に達しています。フェアトレードタウンとして認定されるためには国際的なガイドラインがあり、日本ではさらに日本独自の基準（基準4）を加えた六つの基準（表1）を満たす必要があります。

他の市民運動と比べてフェアトレードタウン運動に特徴的なのは、このような第三者による認定制度があることと、行政や企業や他の市民団体と連携して活動する必要があることです。私たちの勉強会が逗子市のフェアトレードタウン認定をめざすことを決めてからは、一つ一つの基準を満たすことが活動の指針となりました。

例えば、「基準5：地域の店（商業施設）によるフェアトレード産品の幅広い提供」とは、具体的には「人口一万人当たり一店舗以上、二品目以上のフェアトレード産品を販売する店舗があること」という基準であり、私たちは市内の店舗にフェアトレード産品をおいてもらえるようにお願いしたり、フェアトレードショップ地図を作成して協力を働きかけました。

表１〈日本のフェアトレードタウン６基準〉

基準１：推進組織の設立と支持層の拡大
基準２：運動の展開と市民の啓発
基準３：地域社会への浸透
基準４：地域活性化への貢献
基準５：地域の店（商業施設）によるフェアトレード産品の幅広い提供
基準６：自治体によるフェアトレードの支持と普及

渡辺龍也編（2018）『フェアトレードタウン』新評論より

福祉作業所の店で自分の描いた「ずしチョコ」を販売

また、「基準2：運動の展開と市民の啓発」「基準3：地域社会への浸透」「基準4：地域活性化への貢献」を満たすために、私たちは「逗子珈琲」と「ずしチョコ」の商品開発に取り組みました。逗子には地域名を冠したお土産品がないため、そのような商品をフェアトレード材料で開発すれば注目を浴び、地域活性化へもつながると考えたからです。

「ずしチョコ」は、既製のフェアトレードチョコレートに地域独自の包装紙を巻いた「まちチョコ」の逗子版です。初年度は、市制六十周年記念事業として公募された小学生による「逗子の未来」の作品の中から数点を選び包装紙を作成しました。認定後は、社会福祉課の協力を得て市内の障がい者を対象に絵を公募し、市役所で展示会をおこない投票によって選ばれた絵を包装紙に使用しました。さらに、包装紙をチョコレートに巻きつける作業も福祉作業所に委託しました。これは地域連携による「ウェルフェア&フェアトレード」のチョコレートとして好評を博しました。

認定のための最後の砦と言われるのは、「基準6：自治体によるフェアトレードの支持と普及」です。具体的には議会によるフェアトレード支持の決議と首長による宣言を指します。そこで私たちは、議会内の勢力図を読み取りながら会派ごとに訪問し、フェアトレードタウンの意義をデータに基づいて説明することで理解を促しました。このような活動を経て、五年後の二〇一六年には六つの基準を満たすことができ、日本フェアトレードフォーラムの審査を経て、逗子市は日本で三番目のフェアトレードタウンに認定されました。

開発教育としてのフェアトレードタウン運動

フェアトレードタウン運動は、フェアトレードの普及促進と同時に、町の人々にフェアトレードについて知ってもらうことで実際の消費行動を変えることをめざす教育活動であり、その過程自体に多くの学びが内在しています。[5] レイヴ&ウェンガーの言う「状況に埋め込まれた学習」[6] がここに見られます。

例えば、地域のイベントに出店してフェアトレード産品を販売する時、自分自身がフェアトレードや販売する商品のストーリーを知らなければ伝えることができません。実際、フェアトレードをまったく知らない人に説明するのは難しく、ヨコ文字であるというだけで嫌がられたり「上から目線」「意識高い系」などと揶揄されたりすることもあります。

しかし経験を積む中で、自分自身の理解も深まり人に伝えられるようになります。また、「逗子珈琲」の開発では、コーヒー豆がどのように生産されるのかを知り、生産国の一つである東ティモールでは、その虐殺の歴史にODAを通して自分も加担していたかもしれないと考える機会となります。

ファッションショーでは会のメンバーの家族や友人など、一般市民にモデルをお願いしています。モデルを引き受けてくれた人たちは、「オーガニックコットンの快適さを実感した」、「普段着ている自分の服がどのように作られたかなど気にしたことがなかったが、これからは意識したい」といった感想を述べており、衣服に関する消費者教育の機会となっています。

また、二〇一五年には講義とワークショップを組み合わせた全九回の連続講座を開催しました。修了生の何名かがその後も会のメンバーとして活躍しています。その一人である名女川由利さんは、フェアトレード食材を使用したランチ・キャンペーンのリーダーとして活躍しています。

名女川さんは市の広報誌インタビューで次のように語っています。「ずっと専業主婦でしたが、生産国の状

逗子海岸で、認定３周年記念イベント

況から国内の飲食店のご苦労まで多くを知ることができました。また、そこでさまざまな方と出会えたのも貴重な経験でした」。講座での学びがその後の行動へとつながり、実践がさらに新たな学びを生み出して次々と活躍の場を広げています。

二〇一六年から四年間は、高校生・大学生を対象とした「ＦＴＹＰ（フェアトレード・ユース・プログラム）」一期〜四期を開催しました。約七か月間、月に一度集まり、前半はフェアトレードが必要とされる世界の現状や構造について学ぶ講義とワークショップ、後半はテーマごとにグループを作って自分たちができることを実践し、フォーラムの場で発表をするというアクティブ・ラーニングの形式をとりました。ＳＮＳをフル活用して若者の意識調査をしたり、包装紙だけでなくチョコレート自体を障がい者と作る新たな「ずしスマイルチョコ」を企画して試食会をおこなったり、ロゴを作成してステッカーにしたりと、若者らしい独創的な活動が多くみられました。

このようにフェアトレードタウン運動は学びに溢れており、まさに「地域における開発教育」の実践の場だと言えるでしょう。同時に、市民教育であり、消費者教育であり、環境教育でもあります。それらを包含する総合的・横断的な教育活動なのです。

（5）磯野昌子（二〇一八）「世界とつながる平和なまちづくり」渡辺龍也編著『フェアトレードタウン』新評論。
（6）ジーン・レイヴ、エティエンヌ・ウェンガー著、佐伯胖訳（一九九三）『状況に埋め込まれた学習―正統的周辺参加―』産業図書。

おわりに

最近少し気になるのは、フェアトレードが教科書にも取り上げられるほど認知度があがる一方で、高校生や大学生たちが最初から「フェアトレードありき」で考える傾向があることです。私の世代のように世界の貧困や格差の現実と出会ってから、それを変えるための手段としてフェアトレードを捉えるのではなく、初めからフェアトレードを良い活動として疑いもなく推進しようとしているように見えるのです。

これは「SDGs」についても同様に思います。学校で勉強することで先に「正解」が示されてしまい、何が問題なのか、誰が苦しんでいるのか、なぜその問題が生じてしまったのか、本当に「フェアトレード」や「SDGs」は解決につながるのか、他に解決方法はないのか、といったことを考える機会を奪われてしまっているのではないでしょうか。

フェアトレードタウンは、基準を満たして認定を受ければ完成するものではありません。むしろ認定は始まりにすぎず、本当に私たちがどのような町や社会をつくりたいのか、そのために何をしたらよいのかを常に問われます。実際、市が認定されると後戻りも途中でやめるわけにもいかないので、大きなプレッシャーがあります。また、地域組織であるということは、さまざまな人がいるということです。それぞれの背景も関わる目的も異なっています。どのような町をめざすのかを、互いに何度もぶつかり話し合いながら、一人ひとりが行動することで少しずつ築かれていきます。

コロナ危機に気候危機、経済危機に直面している今日の世界で、開発途上国に対しても、国内の弱い立場にある人にも、収奪され続ける地球環境に対しても、未来の世代にとっても、本当にフェア（公正）だと言える社会をつくるために、何をしたらよいのか、また何をしてはいけないのかを、これからもここ（逗子）で仲間とともに考え行動していくことが、今の私にとっての開発教育です。

私のお薦め本⑨

『はじめてのエシカル　人、自然、未来にやさしい暮らしかた』

末吉里花（二〇一六年）山川出版社

「世界ふしぎ発見！」のミステリーハンターとして世界の秘境を旅したことをきっかけに、世界各地で環境破壊によって人々の暮らしや自然が脅かされている様子を目の当たりにしたことがターニングポイントとなり、今は自ら立ち上げた「一般社団法人エシカル協会」の代表理事を務める末吉里花さんの著書。私は何年たってもフェアトレードの説明を上手にできずにいますが、末吉さんの言葉には無駄がなく、さわやかにわかりやすく書かれています。

「『私にいい』が『世界にいい』とつながる」「目の前にあるものを通して、それを作ってくれる人たちを想像し、遠くの人や環境に配慮する社会になっていくこと、これがエシカル」。コラムのようなＱＵＥＳＴＩＯＮも必見。例えば「安い商品を買い控えると、働いている人の生活が成り立たなくなるのでは？」「遠くの国から商品を輸入するフェアトレードは環境に悪影響があるのでは？」など、よく聞かれる質問に、このように答えたらよいのかと参考になります。

『ぼくはイエローで、ホワイトで、ちょっとブルー』

ブレイディみかこ（二〇一九年）新潮社

二〇一九年に本屋大賞をとったこの本は、英国に暮らす著者のブレイディみかこさんと中学生になったばかりの息子さんを中心とする家族の日常生活を切り取ったものです。

アイルランド系の父と日本人の母を持つ少年が、ＥＵ離脱を表明する英国社会で底辺層を形成する白人労働者階級と移民との衝突に翻弄されたり、二人の父親と暮らす友だちと自分のジェンダーについて語り合うなど、複雑な多文化社会の中で葛藤する様子が生き生きと描かれています。

「僕はどっちにも属さない。どこにも属さないほうが人は自由でいられる」、「レッテルを貼ることで、貼られた人たちを特定のグループに所属している気分にさせ、怒りや仲間意識で帰属意識を強め、社会を分裂させる」という言葉に、一つのアイデンティティに執着する時代は終わったのだと思いました。これからの多文化社会を生きる若者に読んでほしい一冊です。

[第11章] 開発教育との出会いと「文化」「関わり」「地域」へのこだわり

山西優二（にしやま ゆうじ）

早稲田大学文学学術院教授、日本国際理解教育学会理事、日本ホリスティック教育／ケア学会理事。かながわ開発教育センター代表。旅、森いじり、庭いじり、お茶をしながらのゆったりとした語りあいが好きです。自然に根ざし、社会につながる学び・教育をつくりたいです。

はじめに

私が開発教育に出会ったのは一九八一年のことだったと思います。もう四十年前のことになります。大学卒業後五年ほど勤めていた商社を辞め、アメリカのカリフォルニアにしばらく滞在し、その後インド・ネパール・タイなどいろいろなアジア地域を放浪した後、日本に戻ってきて早稲田大学に学士入学し、初めて教育学に触れ出していた頃です。

まだその頃は、開発教育協議会（現在の開発教育協会）の設立前の時期で、開発教育実践研究会という若者たちによる研究会が生まれ、日本における開発教育のまさに胎動期でした。世界の開発問題と教育をつなぐ開発教育の動きは、アジア放浪から戻り、教育について考えようとしていた私には、何か素直に関わっていくことができる場を用意してくれたように思います。

それからの四十年を振り返ってみると、開発教育を通して、教育や学びの世界で私がこだわってきたこととして、「文化」「関わり」「地域」があるように思います。教育実践そして教育研究の中で、なぜ「文化」に、なぜ「関わり」に、そしてなぜ「地域」にこだわってきたのか、これまでを振り返りながら書き記してみたいと思います。

なぜ文化なのか

私がアジア地域を放浪していた時に感じていたのは、それぞれの地域の文化そして宗教の多様性、文化や宗教が持つ深さであり、また人間らしさや人間のやっかいさでもあったように思います。

日本で会社を辞め、いつ日本に帰るかも決めないまま、自分の生き方を求めての放浪の時期でしたので、自分を解放させた生活の中で、時に予定通りに動かない時間の流れを感じ、時に多くの社会的格差に出会い、時に人々の喧騒さの中の人間っぽさを感じ、時に宗教的儀式や祭りに出会い、時に聖地で死を待つ多くのサドゥ(修行者)たちに出会い、時に瞑想し、時にヨガを試し、時に多くの旅人と語り、時に読書し、時にトレッキングし、時に自然に触れる、といった時間と場を与えてくれるアジアの地域は、私にとっては何か魅力的で、一言では言い表せない多様性をもった地域でした。

そんな中で、アジア放浪から帰国した頃は、アジアの宗教、宗教のもつ人間への影響力に特に興味を持っていました。三年生として教育学専攻へ学士入学し、その年の秋の卒論指導計画に私が提出したテーマは「教育の根本問題としての宗教」でしたから、いかにアジアで出会った宗教に惹かれていたかを今でも懐かしく思い出します。その後、四年生に進級せずに大学院へ進学したため、また指導教員が事故で指導ができなくなったこともあり、その卒論はまぼろしに終わりましたが、もしその卒論を仕上げていたら、その後はより宗教的な生き方を選んでいたかもしれません。

そんなことを感じていた時に、「アジアの開発問題」をテーマにした合宿セミナーに参加しました。ただそこでの開発の問い方があまりにも経済開発的で、また開発協力の問い方が先進国から途上国への一方的な支援型で、支援や援助への思いは伝わってくるものの、アジアの多様性を感じていた私には、しっくりこず、違和感を覚えました。「数値化された経済ではなく、経済や社会のありようの根底にある文化や宗教をみずに開発は語れない」といった思いをセミナーで語ったことを思い出します。

また教育学を大学院で学び始めた時、私は「教育援助」というテーマに出会いました。松下政経塾を訪問し塾生たちとアジアの教育について話し合ったのがきっかけでした。先進国と途上国の教育格差といった問題状況の解決に向けて、いかなる援助が国際レベル・国レベル・市民レベルで求められるのかというテーマですが、研究していくと、ここでも数値化された教育指標と一方的な援助のあり方が常に気になっていました。

そんな意識をもっていた私が開発教育に出会うのは必然だったのかもしれません。開発問題の解決と、これからの開発のあり方を問う教育、開発協力ともつながる教育、この教育の実践と運動に、多くの人の熱い思いやエネルギーと出会う中、自然と関わるようになりました。

その当時を振り返ると、何もよく分らないまま、思いと若さと人のつながりだけでよく突っ走っていたなと思います。ただ突っ走っていたから、そのプロセスの中で、試行錯誤しつつも、見えてきたことも多かったように思います。文化に関しては、私が教育を考える始点が、アジアの文化の多様性や宗教にあったのは確かですが、文化そして文化づくりが原点になるのはそれから十九年ほどが経った頃だと思います。

大学の教員になっていた私は、二〇〇〇年に特別研究期間を一年もらい、世界一周チケットを手に、世界各地を研究という名のもと放浪していました。その時何度目かに訪れた地域で、特にオセアニアやアラスカという地域での特に先住民の人々の文化の表現のありようが、以前に比べ、より活発化してきているということを肌で感じました。そこでは、文化は決して固定的なものではなく、生き物のように常に動的で変容しているものでした。教育はこの文化づくりに関わっていくものだ、という確信に近い気づきが生まれたのもこの頃です。

開発教育は「公正そして共生の文化づくり」のための教育であり、持続可能な開発のための教育は「公正の文化づくり」のための教育であり、国際理解教育は「平和の文化づくり」のための教育である、といったことを私は今では語るようになっていますが、上記の気づきが今の私の教育観の原点になっていると思っています。

人それぞれの感覚や情動を開き・表現し、多くの知識・情報を共有し、いろいろなことを思考し、態度や行動として経験を積み重ねていくといったことをめざす教育活動は、人間が他者と共に文化をつくり出し、新たな他者との出会いの中で文化を変容させ、それらの文化によってより多くの他者と共に生き、そして個々人を生かしていくため、と考えるとすべてがつながり、無理がないように思えてきます。皆さんも、ぜひ、文化と教育の関係、考えてみてください。

なぜ「関わり」なのか

開発教育に関わる中で、「関わり」に気づかせてくれたのは、パウロ・フレイレでした。フレイレの著作である『被抑圧者の教育学』(1)『伝達か対話か』(2)『自由のための文化行動』(3)などは刺激的でした。フレイレが語る声、「人間として生きるということは、他者そして世界との関わりを引き受けるということである」「教師と生徒は、ともに主体である。…かれらは、共同の省察と行動をとおして現実についての知識を獲得するにつれて、自分たちこそがその知識の永遠の再創造者であることを発見する」「正しい方法は対話にある」「教育とは自由のための文化行動である」などの声は、フレイレとの対話を通して、私の実践において、常に意識化させられてきたように思います。私自身、大学の授業で、自分の経験に根ざした生きたことばによる対話の実践をつくり出し納得できたら、大学教員は辞めて他のことをやろうとも考えていました。ただまだ納得できていないので辞めていません。

そしてこの「他者そして世界との関わり」をさらに拡げ、構造化してくれたのがグラハム・パイクとディヴィド・セルビーが『地球市民を育む学習』[4]で語る「空間の次元」「時間の次元」「問題の次元」「人間の可能性の次元」からなる「グローバリティの四つの次元」であり、その根底にある「部分は全体との関連の中でしか理解することができない」とする「システム論的・ホリスティック的パラダイム」でした。

この関わりの構造化にヒントを得た私は、その後、国際理解教育・開発教育の目標の構造化、文化理解へのアプローチの構造化、多文化共生・文化力形成へのアプローチの構造化などを私論としておこなってきました(第3部参照)が、個々のアプローチを分断的に位置づけるのではなく、まずは全体の関わりを描き、それとの関連の中に個々を位置づけることを意識してきたことは確かです。

例えば次頁の図は、私が十五年ほど前に、ある研究合宿で何気なくメモ的に描き出した「人間にとっての関わりの関連図」です。

まず、人間を「自然的関わり」「社会的関わり」「歴史的関わり」を生きる存在として捉えました。人間の身体は「内的自然」として、宗教や宇宙の原理などは「超越的自然」として組み込みました。次に、学びをその関わりの中に生まれる多様なものとして捉えようとし、そしてこの学びのありようを、図では双方の矢印で表

---

(1) パウロ・フレイレ著、小沢有作・楠原彰・柿沼秀雄・伊藤周訳(一九七九)『被抑圧者の教育学』亜紀書房。
(2) パウロ・フレイレ著、里見実・楠原彰・桧垣良子訳(一九八二)『伝達か対話か』亜紀書房。
(3) パウロ・フレイレ著、柿沼秀雄訳、大沢敏郎補論(一九八四)『自由のための文化行動』亜紀書房。
(4) グラハム・パイク、ディヴィド・セルビー著、中川喜代子監修、阿久澤麻里子訳(一九九七)『地球市民を育む学習』明石書店。

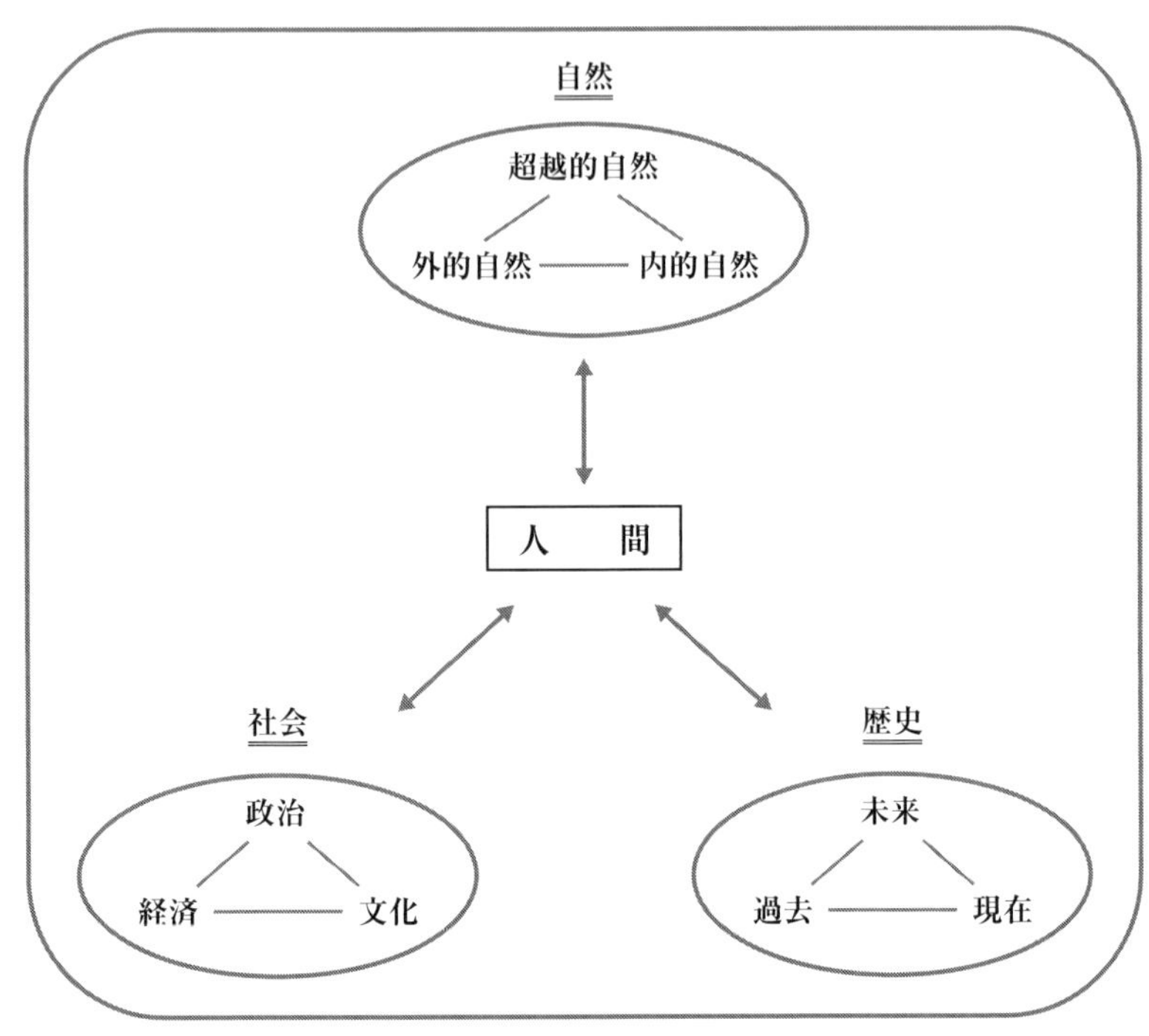

図１　人間にとっての関わりの関連図（山西）

現しようとしました。

つまりこの学びとは、自然・社会・歴史からの人間への働きかけ、そして人間からの自然・社会・歴史への働きかけといった双方の働きかけの中に生じていると捉えました。

そしてこの関連図をもとに、人間存在のありようとそこに生み出される多様な学びに着目すると、それらの多様な学びをより意味あるものにするための人間への働きかけである教育のありようが自ずと浮かびあがると考えました。

文化は、人間がこれらの関わりの中でつくり出してきたものであり、またこれらの関わりをつなぐことを可能としているのが文化であることも明らかです（図１が示す社会の構成要素としての文化と上記の人間の活動の基底にある文化とは使い分けています）。教育は学びへの働きかけであり、またそのことを可能にする文化づくりへの働きかけでもあると捉えられます。シンプルですが、そのシンプルさゆえに気に入っている関連図です。

最近は、ホリスティック教育にも関心をもっていますが、ホリスティックが示す視点が根底に「関わり」を問い直す原理をもっているからですが、上記のような関わりの関連図を描いてからそれなりの時間が経ったので、私なりにこの図を再構成したくなってきていていることと連動しているのかもしれません。

なぜ「地域」なのか

以上のように、開発そして教育を、文化、関わりの視点から考えていると、行きつくのは地域でした。

ここでの地域とは大きく二つの意味を持っています。まず一つは、グローバルとの関連で位置づけられる「ローカル」としての地域です。Think globally, Act locally. という言葉が、開発教育ではよく指摘され、時にはThink locally, Act globally. と語られることもありますが、どちらにしても、グローバルが、いい意味でも悪い意味でも多用される中で、ローカルをていねいに位置づけようとする動きはより高まってきていると思います。

そしてもう一つは、私たちの身近な生活の場である地域、「コミュニティ」としての地域です。ただここで注意すべきなのは、ここでの地域とは、学校と地域、学校実践と地域実践といったような二分法に基づく地域ではありません。政治活動・経済活動・文化活動などの社会活動、公的・共的・私的な活動、行政・企業・市民団体による活動などを包含する場としての地域です。教育で言えば、家庭や学校を含む地域で、家庭教育・社会教育・学校教育など多様な教育が、関わりの中で存在し合っている場としての地域です。そしてこの「ローカル」と「コミュニティ」を連動させるためにも、「地域」として表現しています。

開発教育においてなぜ地域なのかに関しては、もう少していねいに考えてみたいと思います。私は二〇〇八年に編者として『地域から描くこれからの開発教育』[5]という本の出版に関わりました。二十九人の人が執筆者として関わる大事業でしたが、その出版企画の時点での当時の開発教育が抱える問題点への私の認識は、この本の「まえがき」にも記しましたが、以下のようなものでした。

＊これまでの開発教育は、途上国の開発問題への構造的な理解を重視してきたが、一方で学習者の足元である自らの地域の開発問題をしっかり見据え、それを国内・国外の他の地域の問題と構造的に関連づけて捉え、新しい社会のありようを地域から発想するという視点が十分ではなかった。
＊開発教育が重視する参加・行動の具体的な活動が、国際的な援助・協力活動や個人レベルでのライフスタイルの転換などとしてめざされてきたが、自らの足元の地域づくりに参加する（政治的参加・経済的参加・文化的参加を含む）という視点が十分ではなかった。
＊国際協力活動において、自らの地域の開発問題をしっかり見据える視点が弱いため、一方向の援助型に偏る傾向が強く、双方が当事者として課題を共有し解決に臨むという協力・協働の視点が十分ではなかった。

今だったら、もう少し穏やかに書くかもしれませんが、十三年前は今よりはより攻撃的で、歯切れがよかったようにも思います。ただ、今書くなら、この本の「これからの開発教育における文化の扱い方」の節でもそれなりには触れていますが、より根底にある文化と地域と教育の関連について焦点をあてるだろうと思います。

つまり開発教育が共生の文化づくり、公正の文化づくりをめざすのであるなら、その具体化に向けて、文化づくりの主要な場である地域での人々の多様な生活や学びのありようを問うこと、そしてその生活や学びと関連した地域での教育、学校教育だけではなく地域での多様な教育のありようとそれらの教育の関連を問うことが求められてきます。このように考えると、地域を問うことの開発教育にとっての意味がより明らかになるように思います。

また地域での活動に関して、私が神奈川県の逗子市に住むようになって二十五年ほどになりますが、逗子市社会福祉協議会がコーディネートする逗子市の福祉教育づくりに関わって二十年近くになります。最初は、学校教育に「総合的な学習の時間」が導入されその一つのテーマ事例として「福祉」が示されたことをきっかけに、逗子市社会福祉協議会内に「福祉教育検討チーム」をつくりこれからの福祉教育のあり方について検討しようという動きへの取り組みでした。

しかしその後、時間を重ねる中、「福祉とは」「福祉教育とは」「学校での福祉教育」「学校と地域が連携した福祉教育」「学校を含む地域での福祉教育」「地域福祉にみる学び」「福祉による共生の地域づくり」といった検討テーマが浮かびあがってきました。チームでは、これらの地域の状況に即したテーマを検討し、多様な実践を多くの人との協働の中でつくり出してきました。いま改めて振り返ってみると、まさにこのプロセスそのものが、福祉・福祉教育による地域での共生の文化づくりそのものだったと感じています。また地域福祉と福祉教育の関連は、地域の開発問題と開発教育の関連と同じような構造をもっていると感じます[(6)]。

このような地域への思いと地域での実践と、二〇〇五年一月の「かながわ開発教育センター」の設立は自ずと連動しています。これまでの日本の開発教育に関わってきた仲間が、神奈川にはたくさんいました。開発教育協会が国内外のネットワーカとしての調整役を担うのであれば、地域に生活する私たちは、神奈川という地域、地域にみる数多くの開発問題に即した開発教育のあり方を探っていこうとすることは素直なことでした。

「私たちは、身近な地域である神奈川で、共に出会い、語り、互いの経験に学びあう中で、平和で公正な社

（5）山西優二、上條直美、近藤牧子編（二〇〇八）『地域から描くこれからの開発教育』新評論。
（6）地域に関しては、本書第17章「開発教育にとっての地域」も参照ください。

会の構築をめざす開発教育の活動を通じて、世界や地域の問題を解決するために行動していきたいと思い、ここにかながわ開発教育センターを設立いたします」とした「かながわ開発教育センター設立趣意書」（本書七頁参照）の文言には、私たちの思いを込めています。設立から十六年が経ちましたが、終わることのない試行の旅は続いているなと思います。

おわりに…これからの開発教育

これからの開発教育はどのように変化・変容していくのでしょうか。これまでの開発教育の変化と同様、これからの変化・変容も、多くの人の思いと実践の結果でしか読み取れないでしょうから、正直、よく分りません。

ただ「なぜ地域なのか」のところで触れたことと連動しますが、地球レベルでの貧困や格差の問題はますます深刻化し、それらの問題の様相と原因は私たちの足元である地域に数多く見てとれます。その様相と原因を見つめ、共生で公正な文化づくりに、ゆっくりと力強く参加することを身近な地域からおこなわずして、公正で共生可能な地球社会が実現すると考えることには無理があります。

それは今世紀に入って注目されているＥＳＤ（持続可能な開発のための教育）やＳＤＧｓ（持続可能な開発目標）においても同様なことが言えます。大きな国際的な目標を掲げることは大切ですが、それを地域レベル、生活レベルで具現化していくことなしに目標が達成されることは考えられません。まさに文化・関わり・学びという視点から地域のもつ意味を踏まえ、「地域を軸に世界とつながる実践と理論の構築」が開発教育には求められていると考え続けています。

とは言え、共生・公正の文化づくりのために教育からアプローチするといっても、開発教育だけがそれを担うわけでは決してありません。国際理解教育、異文化間教育、環境教育、人権教育、平和教育、福祉教育、地域日本語教育、市民教育など、多くの領域の実践は交錯してきます。それぞれの教育には、それぞれの歴史があり、それぞれの特徴があり、それぞれの文化があります。それぞれの文化がお互いをどう活かし合い、どう変容し合っていくのか、地域での実践に関わる中で、問い続けたいと思っています。

あと最後に付言的ですが、いま私が関心を持っているテーマは「風土と地域・人間との関わり」です。人間が自然と関わる中、つくり出してきた「文化としての風土」は、地域のありよう、そして人間のありように、これまでそしてこれから、どんなメッセージを投げかけてきたのだろうか、投げかけてくるのだろうかという問いです。

人間と自然との関わりに関してはこれまでにも多くの議論がなされてきていますが、人間が対置しコントロールする自然ではなく、人間が保護する自然でもなく、「人間をその一部として包含する自然」と人間との関わりを、文化としての風土は、どのように描いてきたのかについて学びたいと思っています。

それは、SDGsが何かブームのように取り上げられている中、その根底にある持続可能性や公正の文化は、まだ何か人間中心的な文化を脱し切れていないように私には感じられ、それを超えていく文化を、風土は示してきている、もしくは示しうるのではないかとの思いと期待からです。

私のお薦め本⑩

『シッダールタ』

ヘルマン・ヘッセ著、高橋健二訳（一九五九年・原著は一九二二年発表）新潮社

シッダールタとは、釈尊の出家以前の名です。生に苦しみ出離を求めたシッダールタは、苦行に苦行を重ねたあげく、川の流れから時間を超越することによってのみ幸福が得られることを学び、ついに一切をあるが

ままに愛する悟りの境地に達します。悟りに至るまでのプロセスを生の肯定から探ろうとした作品ですが、私がバークレイの古本屋で見つけ、インドを放浪していた時、リュックに忍ばせていた思い出深き本です。

『オリーブの森で語り合う―ファンタジー・文化・政治―』
ミヒャエル・エンデ、エアハルト・エプラー、ハンネ・テヒル著、丘沢静也訳（一九八四年）岩波書店

『モモ』や『はてしない物語』の著者であるエンデ、政治家でドイツ・プロテスタント宗教会議の議長であるエプラー、演劇人で政治と社会と演劇を結びつけようとしているテヒル、三人のドイツ人が、オリーブの森とブドウ畑にはさまれたエンデの家に集まって、二日間にわたって現代のさまざまな問題について語り合った対話の記録です。エンデが、現代の意識の特徴として、「ポジティブなユートピアが欠けている」と指摘するところから対話は始まります。対話に一緒にゆったりと参加したくなる本です。

『いのちの木（絵本）』
ブリッタ・テッケントラップ作絵、森山京訳（二〇一三年）ポプラ社

この絵本の表紙の裏面には、次のようなメッセージが記されています。
「もりに　すむ　ひとりひとりにとって、キツネは　とくべつでした。
やがて　キツネは　たびだち、みんなにとっての　とくべつな　そんざいに　なったのです。
いてくれたら　あったかい。いなくなっても　あったかい。
キツネは　ここに　います。ずっと。」
もりのキツネが亡くなるところからこの絵本は始まります。いのちを感じさせてくれる絵本です。

第3部

SDGs・開発教育キーワード

―公正な世界を求めて―

〔第12章〕開発とは

「開発」の語感

「開発」という言葉にはうさんくささがつきまとっています。

この語はもともと「かいほつ」と読む仏教用語で、悟りを開く能力を内側から開花させるという自動詞的な意味が本来です。しかし日本では、明治期に西洋に追いつくための近代化の中で、上からおこなう事業にこの言葉を使ってきました。日中戦争中の侵略の言い換えとしての「満蒙開発」とか、七〇年代に環境破壊の象徴ともされたスーパー林道建設の「森林開発公団」、長良川河口堰建設の「水資源開発公団」など、人権や環境を押しつぶすものにこの言葉がついていたのですから、うさんくささを感じるのも当然です。

このうさんくささは、英語でも似たところがあります。英語の Development ~ de（外へ）envelop（包む）、中のものを解き放つ~という言葉は、第二次世界大戦後の東西冷戦の中で、アメリカ大統領を先頭にして貧しい国々が共産圏に取り込まれるのを防いでアメリカになびかせるために使われてきました。だからそれに反対する人々も当然いいます。「**開発には何らの中身はないが、一つの機能だけは持っている。あらゆる介入を高い目標の名によって正当化するという機能だ**[1]」という一文は、このうさんくささが語感の問題ではなくて思想に関係していることを示しています。

「開発」はしない方がよいか

では、開発はしない方がよいのでしょうか。

三十年以上前、初めてフィリピンを訪れたとき、棚田が天まで届くイフガオの村で子どもたちの笑顔に接して、このままが美しい、開発なんて必要ないのではと私は思いました。私が事務局長をしているＮＧＯ「草の根援助運動」のスタディーツアー参加者も、しばしばそうした感想を口にします。開発に対する疑問を持つ。これを私は「**発展途上国と出会う五段階**」の第一段階と定義しています。

もちろんこれだけでは終われません。保健衛生の状態は悪いし、教育は不十分で子どもたちの将来も不安だ。環境問題も起きている。問題は山積みで、このままでよいとはやっぱり言えない、なんらかの開発は必要だ。そこに気づくのが第二段階です。ちなみに、第一段階は、かわいそうな人たちを助けてあげたい、自分になにかできるだろう、という良心の段階と定義しています。

第四段階は、その「開発」が誰のためになるのか、他の開発とぶつからないか、地域の開発がより大きな範囲に与える影響はどうなのか、全体からその開発を考える段階です。開発問題にはさまざまな立場やステージが絡み合う、それに気づいて少し高い位置から考えるようになります。たとえば地域にリゾート施設ができて雇用が生まれる、そのことが地域にとってどんな意味があるのかを考えます。

そして最後の第五段階は、そんな途上国の村の問題と自分の身の回りの問題の結びつきに気づく問題共有の段階です。たとえば住民同士の助け合いや労働時間と余暇時間の関係など、実は問題の根は同じだ、と気づくこと。つまり、開発問題は途上国の問題ではなく、人間の生き方の問題にそのまま結びつく、ということに気づく段階です。これは実は二〇〇〇年に立てられた国際的な開発目標ＭＤＧｓから、現在のＳＤＧｓに至る道

(1) ヴォルフガング・ザックス編、イヴァン・イリッチ他著、三浦清隆他訳（一九九六）『脱「開発」の時代―現代社会を解読するキイワード辞典―』晶文社。

筋で世界の人が気づいてきた問題でもあります。開発問題は「途上国」も「先進国」も同じように関わっている。その理解です。

「開発」は起きてしまう

developmentには、「開発」の他に「発展」という訳があります。ついでに「展開」という順列組み合わせ的な訳もありますが、それはさておいて、この「発展」はやっかいです。自動詞だから、外からの力がなくても進み得ます。言葉の定義の問題ですが、「開発」は本来、良い、悪いの問題ではなくて、人間の社会では「開発（発展）」は起きてしまうのです。そしてそこには、必然的に破壊も含まれます。

ネイティブ・アメリカンなど各地の先住民たちは自然と調和した平和な暮らしを何百年にもわたって続けていた、という説がありますが、これもあやしいところがあります。動物学者の日高敏隆がオーストラリアの学者の説として紹介しているところでは、**「ヨーロッパ人の侵入がアボリジニたちと自然との共存システムを壊したというのは嘘で、アボリジニたちだって、自然の未来を先食いしている。先食いが少しずつだからわからないだけ」**[(2)]なのだそうです。エネルギーも資源も消費せず、なんらの変化（＝開発）もなく生きていく、というのは、たぶん人間には不可能なのでしょう。

「開発」についての理論

アメリカ化としての「開発」が全面的に信じられていた六〇年代、全体が豊かになれば貧しい人々の生活も良くなる、という「トリクルダウン仮説」が開発経済学の中でもてはやされていました。いったんは悪くなってものちに良くなるのだという理論（クズネッツの「逆U理論」）が、それを補完するものとして引用されました。それが単なる仮説にすぎなかったことは現在の開発経済学では常識で、二〇一四年に世界的ベストセラーとなったピケティの『二十一世紀の資本』[3]はそれをさまざまな資料により指摘して話題になりました。**どんな指標を見ても、貧富の差はますます開いています。**それでも政治や一般社会では、未だにそうした議論がなされているのも確かです。少しずつ変わってはいるものの、日本の経済政策にも公的開発援助（ODA）にも、背景には今もその理論が見え隠れします。

一方で、**開発は貧困層を減らすことにこそある、というのが、国連開発計画（UNDP）の提唱する「人間開発」**です。ここでいう貧困削減とは、お金の問題だけではなく、教育や健康状態などを改善して人々の生きる選択の幅を広げることです。基本的にこうした方向をめざしていると言えるのが、SDGsにつながる「持続可能な開発」で、その共通の目標として「誰一人取り残さない」とわざわざ言っているのはこれを指しています。ただしこの持続可能な開発という言葉は使われ方の幅が広く、トリクルダウン理論が見え隠れしている場合もあるので注意が必要です。

一定地域内で自立した形での開発をめざす**「内発的発展」理論**[4]や**「地域自立の経済」理論**[5]もあります。同じ方向性で、「物欲を自制しつつ、掠奪的でない自立的・内発的な調和のとれた節度ある開発／発展をめざす」[6]タイの仏僧たちの**「開発**（かいほつ＝パワナー）**」**というのも紹介されています。さらには人権の視点を取り入れた**開発の「人権アプローチ」**、人材の開発をメインにする**「人的資源開発」**、開発援助に政治や法律支配の安定を組み込む**「グッドガバナンス」論**など、さまざまな開発理論が登場しています。

（2）佐和隆光・浅田彰（二〇〇一）『富める貧者の国』ダイヤモンド社。
（3）トマ・ピケティ著、山形浩生他訳（二〇一四）『二十一世紀の資本』みすず書房。
（4）鶴見和子（一九九九）『鶴見和子曼荼羅Ⅸ　環の巻』藤原書店。
（5）中村尚司（一九九八）『地域自立の経済学』日本評論社。
（6）西川潤・野田真理編（二〇〇〇）『仏教・開発（かいほつ）・NGO――タイ開発（かいほつ）僧に学ぶ共生の智慧――』新評論。

多くの開発援助ＮＧＯは、こうした議論は横目に、今目の前にいる人々をなんとかしようと走り回っています。「開発」をめぐる理論はいまも「発展途上」だというべきでしょう。

（小野行雄）

【第13章】開発教育とは

開発教育は、一九六〇年代の南北問題に代表される開発問題の顕在化を背景に、一九六〇年代末以降、その問題の理解と解決をめざす教育活動として欧米諸国で展開されるようになった教育活動です。

日本では一九七〇年代半ば以降にその萌芽をみることができ、一九八二年に後に日本における開発教育ネットワークの中心的な役割を担う開発教育協議会（現在の開発教育協会）が青少年団体・市民団体・研究者・実践者などの協力により設立されました。それから約三十八年にわたり、日本で数多くの実践と研究が展開されてきています。

ただその間、開発教育の目標は、開発問題を取り巻く社会状況の変化に応じて、変化してきています。一九七〇年代にみる開発教育の当初の目標は、途上国に住む人々の貧困や格差などの窮状を先進国の人々に知らせ、チャリティ的意味をも含め援助の必要性を訴えることでした。しかし、一九八〇年代以降になると、途上国が抱える開発問題の様相とその原因を理解し、問題の解決に積極的に参加しようとする態度を養うことになりました。

そこでは、開発問題は途上国にある問題であるとの認識を超えて、先進国と途上国といった関係を生み出す社会構造への理解を通して、問題の解決をめざすという方向性が確認されるようになりました。さらに一九九〇年代以降になると、よりグローバルな視点からの開発問題への理解が進み、また開発問題だけでなく、環境問題・人権問題・平和問題・民族問題などと開発問題との関連を視野に入れた開発教育のありようが探究されるようになります。

一九九〇年代の半ばから始まった開発教育協議会内での開発教育の定義再考の過程は、多くの人々を巻き込み約三年に及びましたが、一九九七年に次のような定義を示しています。

私たちは、これまで経済を優先とした開発をすすめてきた結果、貧富の格差や環境の破壊など、さまざまな問題を引き起こしてきました。これらの問題にとりくむことが、私たちみんなの大きな課題となっています。

開発教育は、私たちひとりひとりが、開発をめぐるさまざまな問題を理解し、望ましい開発のあり方を考え、共に生きることのできる公正な地球社会づくりに参加することをねらいとした教育活動です。そのために、開発教育は次のようなことをめざしています。

1. **人間の尊厳の尊重と文化の多様性の理解**：開発を考える上で、人間の尊厳性の尊重を前提とし、世界の文化の多様性を理解すること
2. **開発問題の現状と原因の理解**：地球社会の各地にみられる貧困や南北格差の現状を知り、その原因を理解すること
3. **地球的諸課題の関連性の理解**：開発をめぐる問題と環境破壊などの地球的諸課題との密接な関連を理解すること
4. **世界と私たちのつながりへの気づき**：世界のつながりの構造を理解し、開発をめぐる問題と私たち自身との深い関わりに気づくこと
5. **参加できる能力と態度の養成**：開発をめぐる問題を克服するための努力や試みを知り、参加できる能力と態度を養うこと

（開発教育協議会（現開発教育協会））一九九七年

そして、一九九〇年代後半以降も、開発教育は変化を続けています。社会構造的な認識を実践で深めていくためには、単に伝達的な教育方法で対応できないことは明らかなため、**「参加型学習」**（第19章参照）という方法の開発とそれらの方法を活かした教材づくりやプログラムづくりが進められるようになります。

また開発教育は開発問題の深刻さと問題解決の緊要性から途上国の状況に焦点を当ててきたわけですが、国内そして地域の開発問題にも焦点を当てる動きが出てくるのもこの頃です。さらにこの動きは、その後の**「持続可能な開発のための教育（ESD）」**、**「持続可能な開発目標（SDGs）」**（第16章参照）といった国際的な動きと連動していくことになります。

以上のように、開発教育は変化を続けています。それは開発問題を取り巻く社会状況の変化に即したものであり、またそれらの問題への教育からのアプローチ方法の変化・進化によるものだと考えられます。

ただ、そのように変化を続ける開発教育ですが、この約四十年弱の日本での歴史の中にあっても、その時間を通底する特徴として指摘できることがあります。第一に、**市民活動がその始まりと広がりの原動力として位置づけられていること**です。第二に、社会適応・順応ではなく**社会変革・創造がめざされていること**です。第三に、**学習と参加・行動との関連が重視されていること**です。そして第四に、目標・内容・方法の一体化をめざし**参加型の学習方法が重視されていること**です。これら四点は、常に社会の変容と教育の変容をめざす市民活動としての開発教育らしい特徴であると指摘できます。

（山西優二）

【第14章】国際理解教育とは

国際理解教育は二十世紀の二度にわたる大戦への反省にたって、平和への希求の中から生まれた教育活動です。

その理念は、たとえばユネスコ憲章前文の「**戦争は人の心の中に生まれるものであるから、人の心の中に平和のとりでを築かなければならない**」という広く知られた言葉にみることができます。この前文では、相互の風習と生活を知らないことが世界の諸人民の間に疑惑と不信を生み、戦争の原因となってきたことを指摘し、平和実現にとっての相互理解・文化理解の重要性を明らかにしています。また「政府の政治的及び経済的取極のみに基づく平和は、世界の諸人民の、一致した、しかも永続する誠実な支持を確保できる平和ではない。よって、平和は、失われないためには、人類の知的及び精神的連帯の上に築かなければならない」と指摘し、平和に向けた知的及び精神的連帯の重要性を浮びあがらせています。

一九七四年のユネスコによる「**国際理解、国際協力及び国際平和のための教育並びに人権及び基本的自由についての教育に関する勧告**」(国際教育勧告)では、教育政策の指導原則として、「すべての民族並びにその文化、文明、価値及び生活様式に対する理解と尊重」といったそれまでの「文化理解」にとどまらず、「国際的な連帯及び協力の必要についての理解」「個人がその属する社会、国家及び世界全体の諸問題の解決への参加を用意すること」などを新たに明示し、地球的な諸問題が顕在化する中、平和実現に向けての「問題理解・問題解決」の重要性を指摘しています。

さらに一九九四年の第四十四回国際教育会議では、一九七四年国際教育勧告をさらに充実・発展させるため、「国際教育会議宣言」が採択され、さらに翌年には**「平和・人権・民主主義のための教育に関する包括的行動計画案」**が採択されています。その行動計画では「平和・人権・民主主義のための教育」の目的について、「平和・人権・民主主義教育の最終目的は、平和の文化が達成されるような普遍的な価値と行動様式の感覚があらゆる個人において発達することである」と述べ、その具体的な価値・行動様式として、「個人・性別・文化などの多様性の中にある価値の認識」「非暴力による紛争解決の能力」「寛容・慈愛・わかち合い・思いやりの資質」「未来を選択する能力」などを示しています。

つまり、東西冷戦の終結後、各地での民族的な対立状況が顕在化する中、「平和の文化」ということばを浮びあがらせるとともに、その文化形成に向けての「価値・行動様式の育成」に力点を置いていることが確認できます。そして一九九九年には国連総会にて**「平和の文化に関する宣言」**が採択され、そして国連は二〇〇〇年を「平和の文化国際年」と定め、さらにこの国際年は二〇〇一年から二〇一〇年の「世界の子どもたちのための平和と非暴力の文化の十年」へと引き継がれています。

そして二十一世紀に入ってもこの拡充の動きは進行しています。**「国連・持続可能な開発のための教育（ESD）の一〇年」**（二〇〇五～二〇一四）、**「持続可能な開発目標（SDGs）」**（二〇一五～二〇三〇）などの動きは、開発問題・環境問題への教育からのアプローチの重要性を浮かびあがらせています。またユネスコは、ポストESDなどを包含する文脈の中で**「グローバル市民教育（Global Citizenship Education：GCED）」**（二〇一五～）に力点を置き、GCEDの目的として、「認知」「社会的情動」「行為」という以下の三つの側面を示し、ホリスティック、批判的、価値志向性のある教育の目標を提示しています。[1]

(1) UNESCO (2015). *Global Citizenship Education: Topics and learning objectives*. Paris. UNESCO.pp. 14-16.

＊認知：グローバル・リージョナル・ナショナル・ローカルな諸問題と多様な国や人の相互のつながり・相互依存についての知識、理解、そして批判的思考を獲得する。

＊社会的情動：共通の人間性の感覚をもち、価値観や責任感を共有する経験をもち、違いや多様性に対して、共感や連帯感、尊敬の念をもつ。

＊行為：より平和で持続可能な世界に向けて、ローカル、ナショナル、グローバルなレベルにおいて、効果的かつ責任をもって行動する。

このように国際理解教育は、国際レベルでは、呼称の変更をともないつつも、国際的な平和の実現、平和の文化づくりを希求する動きの中で、そのための教育活動として、その時代状況を反映させ、目標も「文化理解」「コミュニケーション能力」「問題理解・問題解決」「価値・態度・行動様式の育成」「社会的情動」といったようにその枠を広げながら、その実践がめざされてきています。

一方、日本の国際理解教育の一九五〇年代以降の動きを眺めてみると、実践レベルでは「文化理解」を基軸とした動きに大きな変化が見られないことを指摘することができます。一九九〇年代の都道府県・政令指定都市の教育委員会宛ての調査[2]によると、多く取り上げられている領域は「異文化理解・多文化理解」「コミュニケーション能力」で、比較的取り上げられることの少ない領域が「地球的諸問題」です。**つまりユネスコは、一九七〇年代以降、国際理解教育の領域を、「地球的諸問題」を含むより包括的なものへと転換させたのに対し、日本ではその転換が十分になされず、「文化理解」「コミュニケーション能力」を中心とした活動を踏襲している状況を指摘することができます。**

またこのような状況に対して永井は、一九八〇年代末の時点で、国際理解教育へのアプローチとして、文化人類学的な観点からの過去志向的な「文化理解的アプローチ」と政治的経済的社会的観点からの未来志向的な「問題解決的なアプローチ」を示し、その志向性において矛盾するような両者を止揚していくことが理論的に国際理解教育にとって重要であることを指摘しています。[3]

しかしそのような指摘にもかかわらず、日本の多くの実践の現場では、「文化理解」「コミュニケーション能力」「問題理解・問題解決」、さらには「価値・態度・行動様式の育成」といったそれぞれのアプローチが、それほどの関係性をもたずそれぞれが個別化し、また「文化理解＝国際理解」「英語のコミュニケーション能力＝国際理解」といったように国際理解教育が偏って捉えられ、さらには平和・平和の文化づくりといった目的さえも十分に認識されていないといった状況が生み出されています。

さらに近年、国際化・グローバル化が進展する中で、特に経済の視点から国際競争社会を生き抜くための強い日本人としてのグローバル人材の育成をめざす教育に焦点があてられています。**国際理解教育とこのグローバル人材の育成をめざす教育は、その目的からみると本質的に異なるものであることは明らかであるのに対し、共に国際的な文脈で教育を語ることから、両者が交錯し同一視されることが時として実践現場では生じています。**この状況は国際理解教育への偏った捉え方に原因があるとも考えられ、改めて国際理解教育の目的・目標をより明確にしていくことが求められています。

（山西優二）

（2）図書教材研究センター―国際教育研究プロジェクト（一九九四）『国際理解教育・環境教育などの現状と課題』図書教材研究センター、百五～百十一頁。

（3）永井滋郎（一九八九）『国際理解教育―地球的な協力のために―』第一学習社、百四十四頁。

〔第15章〕国際理解教育・開発教育の目標構造とアプローチ

国際理解教育と開発教育は、それぞれが生まれる時代的背景やその担い手に応じて、それぞれなりの特徴を持っていますが、教育における目標やその実践へのアプローチに関しては相互に関連し合うものとして捉えることができます。

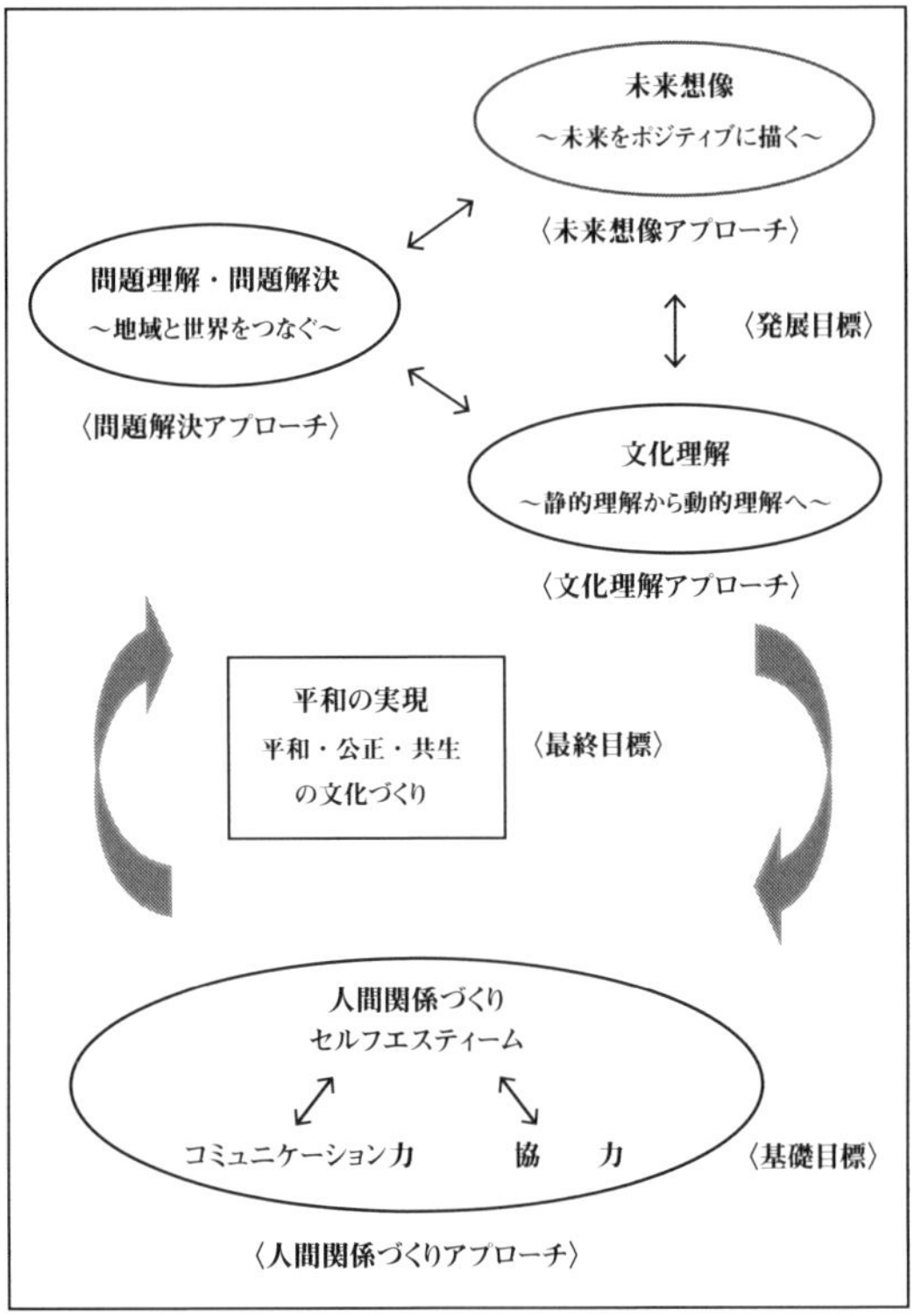

図１　国際理解・開発教育の目標構造とそのアプローチ（山西）

図1は、国際理解教育・開発教育の目標とそのアプローチの全体像を実践的立場から構造化してみたものです。図をもとにその要点を整理してみると次の五点を指摘することができます。

①国際理解教育・開発教育は、平和実現、平和・公正・共生の文化づくりのための教育であり、国際競争社会を生き抜くための教育ではありません。

②平和そして理解は、まず人間理解、人間と人間の関係づくりから始まりま

すが、その理解・関係づくりへの要素として、セルフエスティーム（自己肯定感）、コミュニケーション力、協力する力が求められます。

③国や民族といった枠で文化を固定的静的に捉えるのではなく、自文化そして他文化の多様性・変容性への理解、つまり人間のアイデンティティや文化を、社会状況において多様性の中で時に対立し時に変容していく動的なものとして理解すること、そして文化の創造主体としての人間と文化の動的な関係への理解が求められます。

④「外」の問題を「頭」だけで認識する教育、つまり世界の問題を認識するだけにとどまり、参加・行動につながらない教育になるのを避けるためにも、学習者の足元である地域の問題を見据え、その問題を世界の問題と構造的に関連づけて捉えること、また問題解決への参加・行動には認識だけでなく感性・情動を重視することが求められます。

⑤国際理解教育・開発教育は未来志向の教育であり、過去そして現在の状況への理解を踏まえつつ、未来をポジティブに想像し、そこに位置づく人間のありよう、社会のありよう、文化のありようを描き出していくことが求められます。

つまりこれら五点と四つのアプローチが示すように、**国際理解教育・開発教育は、平和の実現、平和・公正・共生の文化づくりに向けて、人間と人間の関係を基軸に、人間と文化の関係、人間と世界的な諸問題との関係、そして人間と未来との関係をダイナミックに捉えようとする教育活動です。そして「平和・公正・共生の文化」はこれら四つのアプローチの関連・循環の中に醸成される**ものであることを指摘できます。

それは「人間が自然的社会的歴史的関係の中で共に生活しようとする時に、遭遇するさまざまな問題を解決するために生み出してきた方策が文化である」という文化の捉え方に立つならば、文化そのものは、人間関係アプローチを基礎にしつつ、問題解決アプローチと文化理解アプローチと未来想像アプローチが交錯し、そしてそれら三つのアプローチの成果が人間関係アプローチの「セルフエスティーム（自己肯定感）」「コミュニケーション力」「協力する力」のそれぞれに反映し、それら全体が関連づくといった学びの循環の中に、醸成されてくると捉えることができるためです。

したがって、**実践においては、これらのアプローチを個別化しないこと、学習者の必然性や学習者の発達段階に応じてこれらのアプローチと学びを関連させ循環させていくこと、そして教育の質、学びの質、文化の質として、平和・公正・共生につながる関係性を生み出していくことが求められてきます。**国際理解教育と開発教育は、それぞれが生まれる時代的背景やその担い手に応じて、それぞれなりの特徴を持っていますが、教育における目標やその実践へのアプローチに関しては相互に関連し合うものとして捉えることができます。

（山西優二）

〔第16章〕SDGsと開発教育

1．SDGsとは

一九六〇年代以降、南北格差、貧困などの開発問題が顕在化し、さらに一九七〇年代以降には環境問題が顕在化する中、これらの地球規模の問題の解決に向けて、多様なアプローチがとられてきています。一九八〇年代後半には「持続可能な開発（SD）」という言葉が生み出され、その後は、「国連ミレニアム開発目標（MDGs）」（二〇〇一～二〇一四）、「国連・持続可能な開発のための教育（ESD）の十年」（二〇〇五～二〇一四）、「持続可能な開発目標（SDGs）」（二〇一五～二〇三〇）といった開発目標そしてそれを受けた教育目標が、国連の場で示されてきています。**SDGsは、二〇一五年九月二五日に国連総会で採択された「我々の世界を変革する：持続可能な開発のための二〇三〇アジェンダ」の開発目標として示され、十七の目標（ゴール）と百六十九の課題（ターゲット）で構成されています。**

SDGsは、現在、政府・自治体・市民団体・企業などで幅広く注視され、多様な目標達成へのアプローチが展開されつつあります。しかし目標が多様であり、多様なアプローチが可能であり、さらには「持続可能性」という言葉の捉え方自体が多様であることから、時に活動や教育実践が目標ごとに個別化し、全体の関連性が十分に考慮されていないことが危惧されます。

ではSDとSDGsの根底にある持続可能性には、どういった原理や価値をみることができるのでしょうか。持続可能性への世界的関心を向けるきっかけになったノルウェー首相ブルントラントを委員長とする「環境と開発に関する世界委員会」の一九八七年の報告書OUR COMMON FUTURE（邦訳書『地球の未来を守るために』）では、「人類は開発を持続可能なものとする能力を有している。持続可能な開発とは、将来の世代が自らのニーズを満たす能力を損なうことなく、今日の世代のニーズを満たす開発である」[1]と指摘し、また「持続可能性は生態系を破壊することなく、かつすべての人々にとって妥当な消費水準をすすめる価値の増進を必要とする」[2]とも述べ、「世代間の公正」という考え方を、特に環境問題への配慮の中、示しています。

また「基本的なニーズを充足するには、人口の大半が貧しい国々において新たな経済成長の時代が必要なだけでなく、これらの貧しい人々が新たな経済成長を支えるのに必要な資源の公平な分配が受けられるように保障される必要がある。こうした公正には、意思決定過程への効果的な市民参加が確保される政治システムや国際的な意思決定にみる民主主義が不可欠である」[3]と指摘し、特に貧困問題への配慮の中、「世代内の公正」の考え方を強調しています。**このようにＳＤとＳＤＧｓの根底にある持続可能性の根底に「公正（equity）」の原理・価値があることが確認できます。**また「人類は開発を持続可能なものとする能力を有している」とのポジティブなメッセージがもつ意味を、この報告書の出版から三十数年が経った今、そして開発の持続不可能な状況がより深刻さを増す今、改めて問うことが求められているということもできます。

ただ日本ではこの公正（equity）という原理がしっかりと捉えられず、また公正と公平（fairness）と平等（equality）があまり明確に区別して使われず、訳語でも交錯していることが多々見られます。少しその意味を整理してみると、「機会が等しい＝平等」と「機会にとどまらず結果が等しい・等しい状況にある＝公正」では意味は明確に異なることになります。また「関係性が対等である＝公平」と「公正」は時に近い意味で使用されることもありますが、関係性の概念としての「公平」と社会状況の概念である「公正」とは異なります。ただ「正義（justice）」が「公正」と時に同義的に使われていることがあることを考えると、「公正」とは、「正義に基づき状況・結果が等しいこと」を示す概念として捉えることができます。

また「我々の世界を変革する：持続可能な開発のための二〇三〇アジェンダ」報告の前文では、「このアジェンダは、人間、地球及び繁栄のための行動計画である。…すべての国及びすべてのステークホルダーは、協同的なパートナーシップの下、この計画を実行する。我々は、人類を貧困の恐怖及び欠乏の専制から解き放ち、地球を癒やし安全にすることを決意している。我々は、世界を持続的かつ強靱（レジリエント）な道筋に移行させるために緊急に必要な、大胆かつ変革的な手段をとることに決意している。我々はこの共同の旅路に乗り出すにあたり、誰一人取り残さないことを誓う」と述べています。そして五つのキーワードについて以下のような説明を加えています。

＊人間：我々は、あらゆる形態及び側面において貧困と飢餓に終止符を打ち、すべての人間が尊厳と平等の下に、そして健康な環境の下に、その持てる潜在能力を発揮することができることを確保することを決意する。

＊地球：我々は、地球が現在及び将来の世代の需要を支えることができるように、持続可能な消費及び生産、天然資源の持続可能な管理並びに気候変動に関する緊急の行動をとることを含めて、地球を破壊から守ることを決意する。

＊繁栄：我々は、すべての人間が豊かで満たされた生活を享受することができること、また、経済的、社会的及び技術的な進歩が自然との調和のうちに生じることを確保することを決意する。

＊平和：我々は、恐怖および暴力から自由であり、平和的、公正かつ包摂的（インクルーシブ）な社会を育んで

（1）The World Commission on Environment and Development（1987）*Our Common Future*, Oxford University Press p.8.　環境と開発に関する世界委員会著、大来佐武郎監修『地球の未来を守るために』（一九八七）福武書店。
（2）The World Commission on Environment and Development（1987）op.cit. p.44
（3）The World Commission on Environment and Development（1987）op.cit. p.8.

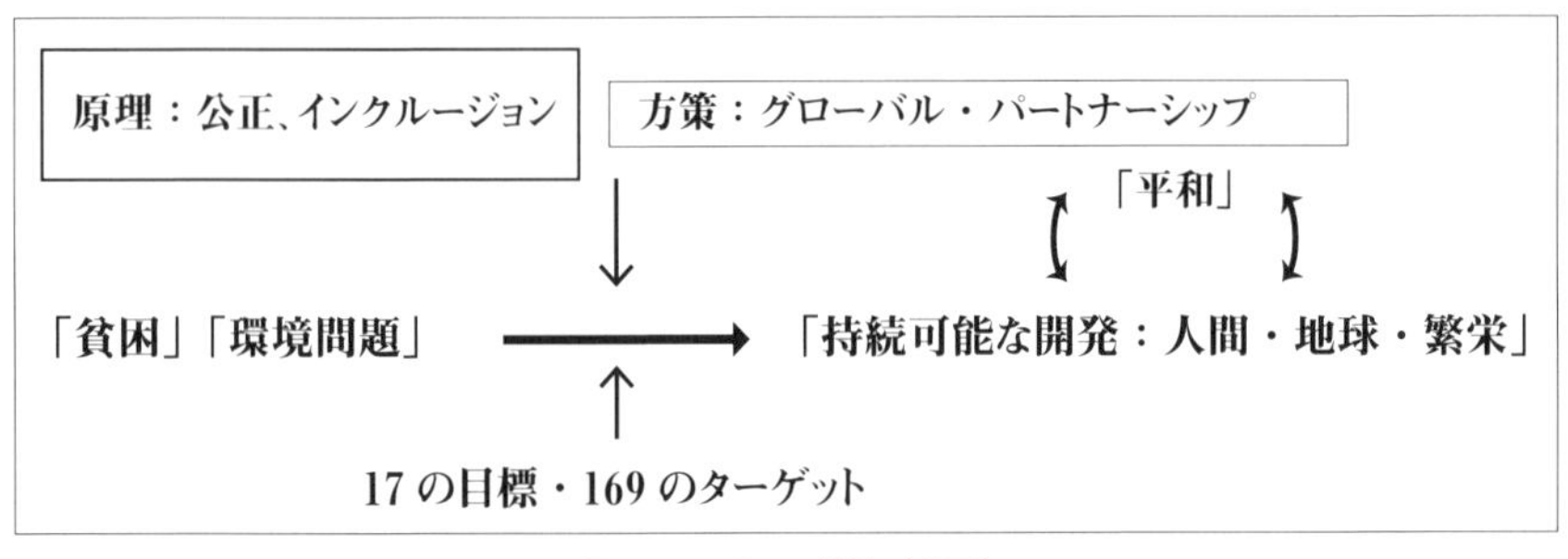

図1　SDGsの構造（山西）

いくことを決意する。平和なくして持続可能な開発はありえず、持続可能な開発なくして、平和もありえない。
＊パートナーシップ：我々は、強化された地球規模の連帯の精神に基づき、最も貧しく最も脆弱な人々の必要に特別の焦点をあて、全ての国、全てのステークホルダー及び全ての人の参加を得て、再活性化された「持続可能な開発のためのグローバル・パートナーシップ」を通じてこのアジェンダを実施するに必要とされる手段を動員することを決意する。

以上の文言が示すように、SDGsとは、貧困・環境問題に終止符を打ち、持続可能な開発そして平和に向けた人間・地球・繁栄のための行動計画であり、公正・インクルージョンという原理とグローバル・パートナーシップという方策によってその実施がめざされているものです。私なりに図式化すると、図1のようになります。

2．SDGsに向けての開発教育の役割

開発教育の歴史、目標、特徴については、第13章で示した通りです。「私たちひとりひとりが、開発をめぐるさまざまな問題を理解し、望ましい開発のあり方を考え、共に生きることのできる公正な地球社会づくりに参加することをねらいとした教育活動」という定義が示すように、常に「望ましい開発のあり方」を問い続けている教育活動です。国際的には、「適正技術」「人間開発」「社

会開発」などの開発論が、地域レベルでは、「内発的発展」「参加型開発」「循環型経済」「スローエコノミー」などの開発論が、現状の開発問題を踏まえオルターナティブな開発論として示されてきています。

そういった文脈でＳＤＧｓそしてＳＤをみると、**ＳＤＧｓ・ＳＤも一つのオルターナティブな開発論として捉えることができます。公正という原理に基づく開発論、十七の目標が示すように包括的で包摂的（インクルーシブ）な開発論**という特徴を指摘できます。ただこの公正、包括性、包摂性という開発としての特徴が、開発問題の解決に向けてどれだけの具体性をもちうるのかが問われることになります。

開発教育は、批判性と行動性を特徴とした教育活動です。数多くのオルターナティブな開発論とＳＤとの関連を批判的に問うこと、たとえば「内発的発展」と「持続可能な開発」との関連を問うことは、「望ましい開発のあり方」を問う開発教育では当然のことと言えます。また実践・行動の中で、十七の目標とそれらの関連性を問い、時には十八番目以降の目標を描き出すことも求められます。

また、足元、地域での開発教育の実践は、まだ端緒についたばかりです。地域には、生活・文化があり、数多くの問題・課題があります。それらを「公正」「インクルージョン」「パートナーシップ」という視点で捉え直し、問題・課題と連動した地域のありよう、そして教育のありようをつくり出すには、まだしばらくの時間を要することは確かです。「人類は開発を持続可能なものとする能力を有している」とのポジティブなメッセージを皆で共有しつつ、開発教育が担う役割をそれぞれの地域でさらに具体化していくことが求められていると考えます。

（山西優二）

〔第17章〕開発教育にとっての地域

開発教育の開発を社会づくり、そして地域づくりであると捉えると、地域の捉え方、地域の機能、地域での多様な学びの捉え方は、開発教育にとって重要な意味をもってきます。

1．地域とは

地域は、伝統的には地縁的ないし血縁的なつながりを中心とした住民が共同性に基づいて形成してきた生活空間を意味するものとして捉えることができます。まさにコミュニティとしての地域です。しかし地域は多義的であり、行政区や学校区のように切り取られたある一定の社会空間を指すことや、中央に対する地方、中心に対する周辺を指す場合もあります。また学校と地域の連携という言葉に示されるように、学校を取り巻く個人や団体、伝承文化・文化遺産・環境資源などを総称的に指す場合にも使われています。

また地域を、ある一定の固定化された空間として捉えるのではなく、問題や課題に即して可変的に捉えることも可能です。つまり地域を**「特定の問題解決や課題達成に向けて住民の共同性に基づき形成される生活空間」**として捉えるならば、守友裕一が下記に指摘するように、課題の種類とその課題を担う住民を出発点として、地域の範囲は伸縮自在となり、また地域そのものも重層的に捉えることが可能になります。

「地域の範囲をいかに規定するかという議論は、変革すべき課題に即して決まるのであり、その意味で地域の範囲は『伸縮自在』であり、担い手の人間集団を出発点としてそれぞれが重層化しているととらえるのが妥当である。地域の範囲を画定することが問題なのではなく、地域の現実を主体的にどう変革していくか、そうした課題化的認識の方法こそが、地域をとらえる上で最も大切なのである。[1]」

このような地域の捉え方は、問題解決・持続可能な開発をめざす活動にとっては特に重要です。それは地域が、政治、経済、文化、自然環境などの要素を内包する生活空間であり、それらの要素が互いに従来の特定の地域を越えて動的に絡み合っているなかにあっては、そこに存在する問題とその解決方策を検討するためには、地域をより伸縮自在に、柔軟に、重層的に捉える視点が、学びの具体性と解決行動の具体性からみて、重要であるためです。

2. 地域のもつ機能

ではそのような「特定の問題解決や課題達成に向けて住民の共同性に基づき形成される生活空間」としての地域とは、具体的にはどのような機能を有している、もしくはその可能性を有していると考えられるのでしょうか。特に共生・公正の文化づくりという視点を念頭にすると、地域のもつ機能は相互に関連し合う以下の六つの点[2]に整理できます。

①課題を設定する～必然性を軸にする場～

地域は「課題を設定する」場です。地域の現状、地域の問題状況をどのように読み解き、共生そして公正の

（1）守友裕一（一九九一）『内発的発展の道―まちづくり、むらづくりの論理と展望―』農山漁村文化協会、二十八頁。

（2）山西優二（二〇一七）「地域での持続可能な文化づくりと学び」鈴木敏正・佐藤真久・田中治彦編著『環境教育と開発教育　実践的統一への展望―ポスト2015のESDへ―』筑波書房、六十九～七十一頁に加筆・修正。

視点からのどのような課題を設定していくかは、実践の軸を形成することになります。地域では、環境破壊、地域間階層間の格差拡大、第一次産業の疲弊、他民族・他文化への差別構造と排他意識、ジェンダー差別など、数多くの問題様相が浮びあがっています。またそれらの問題は、決して個別に存在しているのではなく、それぞれは関連しあい、重層的に存在しています。改めて地域の現状、地域の問題状況を、住民の生活レベルで重層的に読み解くことで、共生そして公正の視点からの課題を住民が必然性をともなうものとして設定していくことが重要になります。

②自然とつながる〜存在の基盤をえる場〜

地域は「自然とつながる」場です。人間は自然の恵みを受けながら、時には自然の厳しさに対峙しながら、自然とのつながりの中で存在していますが、その自然とのつながりのありようを具体的につくり出せるのが地域であり、地域をとりまく風土です。そしてその地域の自然や風土が、生活そして産業などの基盤になり、その基盤が文化づくりの基盤にもなります。

③人とつながる〜協働性を生み出す場〜

地域は「人とつながる」場です。地域を、既述したように「特定の問題解決や課題探究に向けて住民の協働性に基づき形成される生活空間」として捉えるならば、地域の問題や課題を軸にして、そこにみる人と人、組織と組織とがつながり、協働性を生み出すことが可能になります。またここでのつながりや協働性とは決して形式的なものではなく、課題に即した必然性を軸に生み出されていくものです。

④歴史とつながる〜先人たちの知恵に学び、未来を描く場〜

地域は「歴史とつながる」場です。歴史的存在としての人間が、先人たちの知恵に学び、それを今に活かし、生きることを保証しあってきた場が地域です。それは地域には、先人たちが問題解決を通して蓄積してきた長い歴史的営みとしての多くの知恵が、文化として生活の中に折り込まれているためです。したがって共生そして公正の視点からこれからの地域のありようを考えようとする時、その地域に見られる先人たちの知恵に学び、さらにそれを基礎に未来を描いていこうとすることは、基本的かつ重要なことになります。

⑤世界とつながる〜状況を読み解き、連携する場〜

地域は「世界とつながる」場です。文化間の対立・緊張の状況が顕在化してくるのはそれぞれの地域であり、その状況をその背景にあるグローバル化の進展など世界とのつながりの中で読み解くことを、具体的に構造的に可能とするのは地域です。また共生そして公正をめざすなら、その過程では、問題・課題を軸に、その地域内にとどまらず、世界（他の地域の動き・国の動き・国際的な動きなど）とつながる中で、多様な対抗・連携の動きを生み出すことになりますが、その動きの拠点になるのも地域です。

⑥参加する〜参加を可能にする場〜

地域は「参加する」場です。ただここで注視すべきことは、地域を重層的に捉えるのと同様、参加を重層的に捉えることです。たとえば地域社会というものが政治・経済・文化といった要素を内包していることを考えると、そこにおける社会参加とは、政治的参加、経済的参加、文化的参加を意味することになります。また参加の対象となる社会活動を「公」「共」「私」という三つのセクターに区分してみた場合、そこには主に行政が担う公益を原理とする「公」の活動、多様な市民組織・団体が担う共益を原理とする「共」の活動、そして企業や個人が担う私益を原理と「私」の活動が浮びあがります。

さらには市民性への議論の中で指摘されている「四つの市民」としての「地域住民」「国民」「アジア市民」「地球市民」という捉え方も、市民性の質と共に市民参加のありようの重層性を示しています。つまり社会参加というものは右記のように、より重層的に捉えることが可能であり、地域では、子どもから大人までを主体とした、多様な参加の形態・活動が浮かびあがってきます。まさに地域は、参加を具体的に語り、実践することを可能にする場です。

以上、共生そして公正の視点から、地域のもつ機能を六点に整理しました。ただ地域はこれらの機能を内包することを可能としていますが、これらの機能は、地域に固定的に存在しているわけではなく、日本の各地に見られる地域社会の崩壊・疲弊は、これらの機能を大きく低下させています。したがって、それぞれの地域の課題を見据える中で、地域の機能を活かした文化をつくり、またその文化づくりを通して、地域の機能を活性化、再生化していくこと、つまり地域課題を軸に、必然性の中で、文化づくりと地域づくりを連動させていくことが求められてきます。

3．地域での多様な学びと学びの循環

そして文化づくりと地域づくりを連動させるためには学びが必要とされます。地域には多様な学びが存在することが可能ですが、その多様な学びを地域課題・地域の機能に即して関連・循環させることが求められることになります。

本来、学びは多様であり、多様な人間は、多様な場で、多様な時に、多様なことを学んでいます。地域における その多様な学びをその特性に応じて類型化してみると、以下のような四種の学びとして整理できます[3]。

①生活的実利的学び

社会生活の中の個人の関心や意識もしくは他者との私的な関係の中で生まれる学びです。個々の私益を反映させ、生活的、現実的、実利的な学びといった特性を有しています。家庭での学び、生活の中での習慣化された学びなどはこの区分に含まれます。

②系統的継続的学び

学校に代表されるような公的なシステムの中で、他者（教師や指導者）からの働きかけ（教育）で生まれる学び（学習）です。系統的、継続的、認知的な学びといった特性を有しており、またその学びは時として評価・

評定対象となることから、一般化、客観化されることが想定された学びであることも多いです。

③情動的身体的学び

特定の他者からの働きかけや他者との関係に縛られず、祭りや各種イベントの場などで時に偶発的に生まれる学びです。情動的、身体的、感覚的な学びといった特性を有しています。非日常的な体験の中での気づき、無意識的な活動の中での気づきなどはこの区分に含まれます。

④問題解決的必然的学び

地域の市民団体・NGOなどによる地域活動の中で、協働的関係を通して生まれる学びです。課題探究的、問題解決的、必然的な学びといった特性を有しており、また行動との関係を一体的に捉えやすい学びです。

それぞれが大切な学びであり、地域にはこのような学びが存在しています。

ただ、それらの学びがそれぞれの場によって分断され個別化される傾向がある中で、共生の文化そして公正の文化づくりに向けては、「①生活的実利的学び」を基底に据え、そしてその基底と「②系統的継続的学び」「③情動的身体的学び」を関連づけ、そこに「④問題解決的必然的学び」を軸として組み入れ、その軸を中心に全体としての学びの関連・循環を地域でつくり出していくことが重要になります。

それは文化が「直面するさまざまな問題を解決するために生み出してきた方策」であることから、地域課題に即した「④問題解決的必然的学び」を軸として組み入れることで、地域における生活的学び・系統的学び・情動的学びが関連づけられ循環が生まれ、それらの学びの循環が文化づくりにつながっていくことが想定されるためです。

（山西優二）

（3）山西優二（二〇一七）「地域での持続可能な文化づくりと学び」鈴木敏正・佐藤真久・田中治彦編著『環境教育と開発教育　実践的統一への展望―ポスト２０１５のＥＳＤへ―』筑波書房。七十四～七十五頁に加筆・修正。

[第18章] 多文化共生と教育課題

1. 多文化社会にみる文化状況

開発教育、国際理解教育、異文化間教育、地域日本語教育など多くの教育の領域で、多文化共生という言葉がその目標として提示されるようになっています。

ただ多文化共生とは何か、多文化共生とは文化がどういう状況にあることかについて共通した捉え方があるわけではありません、またそれらについて考える前提として、多文化社会における文化状況をまず踏まえておくことが重要であるように考えます。

一九八〇年代以降にみられる国際化・グローバル化の進展の中で、日本社会では、アジア・中南米などからの外国人労働者とその家族、アジアからの留学生など、日本に在住する外国人は飛躍的に増大しています。そしてこのような状況は、アイヌ民族、琉球民族、在日コリアン・中国人といった、それまで日本社会が内包させてきた民族・文化問題とも相まって、個人レベル・集団レベルで文化的言語的アイデンティティをどのように形成していくのかという問題を、また地域レベルでいかにして多文化化、多言語化に社会的に対応していくのかという問題を浮かびあがらせています。

一方世界的な問題状況に目を向けてみると、二十一世紀に克服すべき重要課題としての緊張状況に関する指摘があります。たとえばユネスコ二十一世紀教育国際委員会の報告書『学習・秘められた宝』[1]は、二十一世紀の克服すべき重要課題として、主だった七つの緊張を指摘しています。それらは、「グローバルなものとローカルなものとの緊張」「普遍的なものと個別的なものとの緊張」「伝統性と現代性との緊張」「長期的なものと短期的なものとの緊張」「競争原理の必要と機会均等の配慮との緊張」「知識の無限の発達と人間の同化能力との緊張」「精神的なものと物質的なものとの緊張」です。この報告書が指摘する緊張は、まさに広義かつ本質的な意味での人間の行動様式・生活様式・価値としての文化が、地球レベルで緊張状況にあることを示しています。

つまり多文化社会の進展にともなう文化的状況とは、個人のレベルからみれば、複数の文化にまたがって生きる人々が急増し、「人の中」の文化の多様性・多層性が活性化される中にあって、個々の文化的アイデンティティの形成の過程が多様かつ流動的になっていることを示しています。また社会のレベルからみれば、文化間・民族間の対立関係は、「人の間」に、文化的同化・文化的融合・文化的並存・文化的創造といった動的な関係が多面性をもって存在していることを示しています。さらには、地球的諸課題としてとりあげられる貧困・経済格差・環境破壊・人権侵害などの問題も、その根底には、「人の間」に、個別と普遍、伝統と現代、効率と公正、競争と平等、物質と精神など、対立・緊張状況にある文化を読み取ることができます。

したがって、このように文化が「人の中」「人の間」において動的な関係をつくり出している状況の中では、文化を静的固定的相対主義的に理解し、その多様性への尊重のみを強調する静的なアプローチでは、今の状況に対応できないことは明らかです。**「人の中」「人の間」に文化的対立・緊張状況が生じていることを認識し、その状況を克服するための文化への動的なアプローチが必要**とされています。

(1) 二十一世紀教育国際委員会著、天城勲監訳(一九九七)『学習・秘められた宝―ユネスコ「二十一世紀教育国際委員会」報告書―』ぎょうせい、九〜十一頁。

2. 多文化共生とは

日本では特に、就職差別撤廃運動や指紋押捺廃止運動などの在日コリアンを中心とする外国人住民の運動により、一九八〇年代末以降、地方自治体での外国人住民に対する取り組みは進展し始め、**「多文化共生」という言葉が、この時期（一九九二年）に神奈川と大阪ではじめて使われたことが確認できます。**[2]

一方、二十一世紀になり、人口減少社会への対応として外国人住民への対応が必要となり、二〇〇六年に、**総務省が『多文化共生に関する研究会報告書～地域における多文化共生の推進に向けて～』**[3]**を提示し、各地方自治体での多文化共生の推進を求めたことから、多文化共生は各自治体の重要な行政施策となりつつあります。**

ただ、この多文化共生の推進にみる文化の捉え方、また文化間の関係に視点をあててみると、右記の総務省の報告書が「本研究会においては、地域における多文化共生を『国籍や民族などの異なる人々が、互いの文化的ちがいを認め合い、対等な関係を築こうとしながら、地域社会の構成員として共に生きていくこと』と定義し、その推進について検討をおこなった」という記述に示されるように、静的で相対主義的な文化観が浮かびあがってきます。しかし、既述したように、多文化間の対立・緊張の中にあって、「互いの文化的ちがい」を認め合えば多文化共生社会が実現すると考えることは難しいわけです。

したがって、前節で指摘したように多文化社会にみる文化状況を動的に捉え直してみると、**多文化社会の目標として掲げられる多文化共生も、より動的なものとして捉えなおすことが必要になります。**動的な文化観に立つと、**多文化共生も「現在の社会において、『人の間』に『人の中』に、文化間の対立・緊張関係が顕在化する中にあって、人間が、課題に即して、その対立・緊張関係の様相や原因を読み解き、協働してより公正で共生可能な文化の表現・選択・創造に参加しようとしている動的な状態」として捉えることができます。**

このような多文化共生の捉え方は、社会統合の視点からみると、静的な文化観に基づくサラダボウル論的多文化主義ではなく、動的な文化観に基づくジャズ論的多文化主義[4]に共通点を見出せますが、それに教育的な視点を加味して捉え直したものです。

このような多文化共生の捉え方は、ただ互いの文化を理解すれば共生が実現するといった表面的な捉え方とは大きく異なります。それぞれの地域には、外国人住民・難民などへの差別性・排他性がまだまだ色濃く存在しています。そういった問題状況に対峙することなくして、共に生きることが難しいことは明らかです。また自らの文化的アイデンティティの多様性・流動性に対峙することなくして、共に生きること、共生の文化を醸成していくことは難しいと考えます。

3．多文化共生に向けての教育課題

これまで教育では、文化に関しては、「〇〇国文化」「〇〇民族文化」というように特定の文化に国や民族を背負わせて、その異質性・共通性・多様性を理解することに主眼を置いてきました。しかし、多文化社会にみる文化的状況を見据え、多文化共生を「人の間」「人の中」の動的な関係性の視点から捉えなおしてみると、多文化共生に向けての教育に求められるのは、人間一人一人が、協働的な人間関係の中で、以下の相互に関連し合う基本的な三つの課題を担い合っていくことではないでしょうか。

（2）岡村達司（一九九二）「多文化共生をめざして―地域に暮らす外国人を理解するために―」日本福祉大学社会福祉学会編『福祉研究』六十七号、および、民族差別と闘う大阪連絡協議会編（一九九二）『反差別と人権の民族教育を』民族差別と闘う大阪連絡協議会。

（3）多文化共生に関する研究会（二〇〇六）『多文化共生に関する研究会報告書―地域における多文化共生の推進に向けて―』総務省。

（4）関口知子・中島葉子（二〇一〇）「越境時代の多文化教育―二十一世紀の教育と市民性を問う―」五島敦子・関口知子『未来をつくる教育ESD―持続可能な多文化社会をめざして―』明石書店、百八十一～二百六頁。

①「文化の人間的役割」を理解する

文化を理解するというと、その文化の中身への理解と解されることがほとんどです。しかし、文化の動的な特性から文化を捉え直すと、文化の中身への理解にとどまるのではなく、文化のもつ人間にとっての役割への理解の重要性が浮かびあがってきます。

たとえばベルギーの社会学者であるティエリ・ヴェルヘルストは、文化において重要なのは、文化が個々の人間と社会の両方に影響をもたらす役割としての「文化の人間的役割」であると指摘し、この「文化の人間的役割」として、「人間に自尊心をもたらしてくれる役割」「選択の基盤を与えてくれる役割」「不正行為に抵抗して闘う武器となり得る役割」「人間の抱く根本的な問題に意義を与える役割」の四点をあげています。(5)

いま日本の各地域において、多文化・多民族化が進展する中にあって、文化的アイデンティティの問題として顕在化している多くのものは、ヴェルヘルストの言う「文化の人間的役割」に関する問題として捉えることができるのではないでしょうか。

つまり日本人・外国籍住民を問わず、この「文化の人間的役割」を十分に受容的共感的に理解していないことが、自他の文化的アイデンティティを軽視し、自他の文化的アイデンティティを弱体化させることにつながっていると考えられます。

②文化の動的状況を読み解く

文化は、既述したように、「人の中」「人の間」で、ダイナミックな緊張の様相を顕在化させています。一方、二〇〇〇年が「平和の文化」国際年であったように、諸問題の解決に向けて、個別な文化を活かしつつより普遍的な文化を創り出そうとする動きも国際レベルでは活発です。そのような中では、多様な文化の違いや共通点への理解にとどまるのではなく、個々の文化に内在する階層性・差別性・排他性などに対しても、共生の視点から批判的に読み解くことが求められてきます。

また多文化間の対立・緊張の状況も、ただその状況を表面的に眺めるのではなく、自らの日々の生活の中にみる自文化と他文化の関係として、また伝統的文化・社会慣習などとの歴史的関係として、動的に共感的に読み解き、さらにはその多文化化が進展する背景としてのグローバル化の進展や、多文化を取り巻く地域社会での政治的経済的状況についても、構造的批判的に捉えなおしていくことが求められてきます。

③文化の表現・選択・創造へ参加する

教育にとって、参加は重要なキーワードで、学習過程への参加、問題解決への参加、社会づくりへの参加など、多面的に参加は捉えられてきています。ここで言う文化的参加は社会参加に含まれる概念ですが、社会参加が、一般的に社会的意思決定過程への制度的参加や組織・集団への参加などの側面から、社会性や社会的意義に関連づけて捉えられることが多いのに対し、文化的参加は、文化的存在としての人間の精神的・情緒的側面に注目し、それらの表現・選択・創造活動への参加を意味する概念です[(6)]。

またこの概念は、特に子どもという立場、そして地域づくりという立場にたつ場合、重要になります。それは、学校という制度的枠組みをこえた地域という空間において、「子どもたちみずから表現し、異なる世代とのコミュニケーションを発展させ、多様な価値との葛藤を経験しうる場として、地域社会における文化的生活への参加は大きな意味をもっている」[(7)]ためです。

また、いま世界各地での地域づくり、震災後の日本での地域づくりを眺めてみると、そこには、歌があり、

（5）ティエリ・ヴェルヘルスト（一九九七）「文化が持つ人間的役割」片岡幸彦編『人類・開発・NGO—「脱開発」は私たちの未来を描けるか—』新評論、十六～十八頁。
（6）佐藤一子・増山均編（一九九五）『子どもの文化権と文化的参加—ファンタジー空間の創造—』第一書林、十五頁。
（7）前掲書、十一頁。

祭りがあり、芸術があるように、大人・子どもを問わず、すべての人に心の躍動を生み出すような文化的な動きが一つの核になってきていることが見てとれます。

このような動きは地域づくりにおいて、協働性を再生し人間の生の力を活性化するうえで非常に重要ですが、この動きを文化的参加と呼ぶなら、この文化的参加は、多文化共生に向けての必要不可欠な課題と考えることができます。

（山西優二）

［第19章］開発教育と参加型学習

1．参加型学習とは

　参加型学習という言葉には必ずしも定まった定義があるわけではありません。狭義には、講義のような一方向の伝達型でなく、学習者が学習過程に参加することを促す多様な手法を指す言葉として用いられることがあります。しかし、開発教育など地球的課題を扱う教育では、問題解決への参加、開発過程への参加、住民参加型社会づくりという文脈において参加型学習が語られてきたことを考えると、**参加型学習とは、「学習者の社会参加をねらいとする学習であり、またその参加を実現するための多様な方法・手法によって特徴づけられる学習である」**と定義づけることができます。

　この参加型学習は、日本では一九九〇年前後から用いられるようになった言葉ですが、その系譜をさかのぼってみると、一九七〇年代のワールドスタディーズやグローバル教育、パウロ・フレイレによる識字教育や課題提起型教育、さらにはジョン・デューイによる問題解決学習や新教育運動に見る実践など、いくつかの流れに辿り着くことができます。これらには、「学習者（子ども）の興味・関心」「体験・経験」「対話」「参加」などをキーワードに、従来の教師・教科書中心の伝達型の教育・学習に大きな転換を迫るものであるという特徴を共に見いだすことができます。

2. 方法の重視

では社会参加をめざす教育において、なぜ方法や手法が重視されるのでしょうか。その理由として、まず「方法はメッセージをもつ」ということが指摘できます。たとえば教室で、人権は大切であるというメッセージが内容として子どもたちに提示されたとしても、もしその方法（学習形態だけでなく、教室の雰囲気や教師と生徒の関係などを含む）が子どもたちの人権を無視したようなものであれば、その方法自体が、内容と異なるメッセージを投げかけ、子どもたちは矛盾するメッセージを同時に受け取ることになります。そのような場合、学習成果は決して期待できるものでないことは明らかです。つまり教育の方法は、そのメッセージにおいて、本来その目標や内容と調和のとれたものになることが求められています。開発教育の場合、問題解決への参加、参加型開発というように、「参加」が一つの目標として掲げられていることからも、「参加型」の学習方法が重視されるのは、目標・内容・方法の調和という観点から、当然なことと言うことができます。

また方法が重視される他の理由として、学習結果よりも学習過程を重視するという開発教育の特徴を指摘することができます。たとえば貧困や南北格差のように、その問題解決への一つの正しい答がない中では、学習者は結果的にある特定の正しい答を覚えればよいというものではなく、学習者と教師が共に話し合う中で、その現状、原因を理解し、解決方策を考えるという過程の中での相互の学びが重視されます。したがってそのような過程の中での学びを生むためにも、その過程を生み出す方法が重視されるわけです。

ただ一九九〇年代末以降になり、参加型学習が広がりを見せるようになると、その方法や手法のみへの注視から、方法や手法が踊り、内容が深まらず、学習空間での学習過程への参加にとどまり、社会参加につながっていないとの批判も指摘されるようになっています。目標と内容と方法の調和が求められるがゆえです。

3. 多様な手法

参加型学習では、多様な手法が活用されています。たとえば、実験、見学、調査、旅行、キャンプなどは従来から活用されてきた体験・参加型の手法です。また一九九〇年代以降に注目されているのが、教室という狭い限られた空間の中にあっても、比較的手軽に、学習者の学習過程への参加を促すことができる、ディベート、ランキング、フォトランゲージ、シミュレーション、ロールプレイング、プランニングなどの手法です。これらに共通する特徴としては、学習者の緊張を解き、その場の雰囲気を和ませる中で、学習者がもっている知識や経験、考えを引き出し、相互の意見交流・理解を促進し、そしてその過程の中で、学習者が新しい発見をしていくことを大切にしているということが指摘できます。たとえばディベートの場合、単に知識を増やすだけでなく、その知識を使いこなし、論理的に組み立て、表現し、他者の意見に耳を傾け、そのテーマのもつ新しい意味を学習者同士で相互に発見していくという学習過程を生み出すことがめざされています。

4. 教師（ファシリテーター）の役割

参加型学習における教師の役割は、知識詰め込み型学習での教師の役割と大きく異なることになります。そこでは、学習者がそれぞれ異なる経験・知識・意見をもっていることを尊重し、それらを引き出し、対話を生み出し、相互の学び合いを促進する役割が求められるためです。参加型学習を進める上で、教師や指導者のことを「ファシリテーター（促進者）」と呼ぶのはそのためです。（第20章参照）

とはいって、このファシリテーターは学習者同士の対話を生み出すために、司会者のように進行役に徹するというわけでもありません。対話を生み出すためのきっかけづくりとして、いくつかの手法を活用し、学習者の経験・知識・意見を引き出しつつも、自らも意見などを示し、対話を通した学び合いに参加していくことが求められます。まさに対話の過程では、参加する者は常に対等な関係にあるわけです。

また多様な手法を用いた学習は楽しいということをよく耳にしますが、その楽しさもファシリテーターの関わり方で意味は大きく異なってきます。その楽しさを、和んだ雰囲気が生み出す教室内の楽しさにとどめるのではなく、学習者が、世界の現実を見据え、自分と世界との関わりに気づき、そして自分がその世界に主体的に参加できる楽しさ、またその世界の変革・創造に参加できる楽しさにしていくことが求められています。

（山西優二）

[第20章] ワークショップとファシリテーター

1．私のワークショップの原点

私の小学校五～六年生のときの担任の永松史子先生は、とても面白い授業をする先生でした。たとえば「国語」の時間、何か物語を読んで、「このとき、主人公はなぜ、そんなことをしたのでしょう？」という問いが出てきたとします。そして、子どもたちの意見が、「こうだから」「ああだから」と、大きく二つに分かれたとします。すると先生は、「こうだから」という子は窓側に、「ああだから」という子は廊下側に、自分の机を持って移動するように言うのです。そして子どもたちは、「こうだから」グループと「ああだから」グループに分かれ、教室の中で向かい合って互いに意見をたたかわせるのです。話しているうちに考えが変わった子は、机を持って反対側に移動します。どっちが正しいかわからなくなってしまった子は真ん中に行きます。

私はこの授業が面白くてたまりませんでした。調子にのって、わざと少数派のグループに入り、多数派を説得して自分たちの側に相手を引っ張り込むのを楽しんだりしました。

この授業が、私のワークショップの「原点」です。

意見の違いを楽しむこと。皆が遠慮なくどんどん意見が言えること。話しているうちに、自分の中に「変化」が起き、思いもよらなかった「答え」が見えてきて、感動が生まれること。

そんな楽しさをできるだけ多くの人に味わってほしいと思い、これまで三十年、いろんなところで、いろんな人たちと、いろんなテーマでワークショップをやってきました。

2. ワークショップで大事なこと

ところで、ワークショップの進行役を「ファシリテーター」といいますが、米国では、大きな袋に入った「ファシリテーター」がホームセンターで売られているそうです。この場合の「ファシリテーター」とは、何だと思いますか？

正解は「発芽促進剤」です。

「Facilitate」には、「促す」「容易にする」という意味があります。つまり、植物の種から芽が出るように、**もともとそのものに内在している力や可能性を「引き出す」のが、ファシリテーターの役割なのです。**「教師」ということばの意味が、相手が知らないことを「教える人」だとすると、それとはちょっと意味合いが違います。

私は、ワークショップでは次のようなことを大事にしたいと思っています。

- すべては参加者を信じることから
- 参加者の発言を「待つ」
- 思いを汲み取り、ことばにする
- 一人の発言を全体で共有する
- 目や顔の表情で受けとめる
- ワークシートを使って思いを引き出す
- 参加者の意見を「見える化」する
- 参加者の協力を得て、次への展開をつくる

ワークショップが本当に「うまくいった」「おもしろかった」と感じられるのは、自分が伝えたいことを十分に伝えられたときではなく、予想もしていなかった、おもいがけない発見やアイデアが生まれたときです。

学校でいえば、「子どもたちに教えた」ときではなく、「子どもたちに教えられた」、あるいは、「子どもたちと一緒に考え、新しい何かを見つけた（生み出した）」ときなのです。だから、**ワークショップは「創造の場」**と言い換えることもできるかもしれません。

そのためには、**議論を深めるための「問い」の発し方や、一人ひとりが尊重される「場」のつくり方も重要です。**「良いファシリテーターに求められるもの」というテーマでブレイン・ストーミングをすると、たとえば次のようなキーワードが出てきます。

聞き上手、柔らかい雰囲気、笑顔、ユーモア、いろいろな「手法」を知っている、参加者の思いを引き出す、清潔感、まとめるのがうまい、時間を守る、字がきれい（見やすい）、ボキャブラリーが豊富、指示が明確、いろんな意見を上手に整理する、声が通る、参加者の発言を待てる、思いを察してことばにする、たとえ話が上手い、参加者を尊重する、気配りができる・・・。

とくに**「聞き上手」というのは、必須**だと思います。ちなみに、「きく」には、「聞く」と「聴く」の二つがありますが、私は、ファシリテーターの場合は、どちらかというと「聴く」ではなく「聞く」の方だと思っています。「聴く」というと、誰か一人のことばにていねいに耳を傾けるイメージですが、ワークショップでは、**それまでの議論の流れや、他の参加者や他の意見との関係性も考えながら、目の前にいる人の言葉の意味を理解し、全体の中に位置づけることが求められる**からです。オーケストラの指揮者が、個々の楽器の音を聞きながらも、常に全体としての響きを意識しているのに似ているかもしれません。

そして、開発教育では、そうした学びがその場（教室の中）だけで完結するのではなく、社会とのつながり、関わりの中でおこなわれることに意味があります。そのために、**ファシリテーターは、つねに社会に目を向け、アンテナを高くしておかなければなりません。**

3．三人の魅力的なファシリテーター

これまでに私が出会った、三人の素敵なファシリテーターを、私なりの視点でご紹介します。どこかで機会があったら、皆さんもぜひ彼らのワークショップに参加してみてください。

①とてもきめの細かいファシリテーション　青木将幸さん

「マーキー」という愛称で呼ばれ、全国で活躍している青木将幸さんは、とてもきめの細かいファシリテーションで定評があります。

そのきめの細かさは、青木さんの著書の『市民の会議術―ミーティング・ファシリテーション入門―』[1]、『リラックスと集中を一瞬でつくる　アイス・ブレイク・ベスト50』[2]、『オンラインでもアイスブレイク！ベスト50―不慣れな人もほっと安心―』[3]などにもあらわれていて、水性マーカーの選び方から、オンライン・ワークショップでパソコンの画面ごしに「じゃんけん」をするときの手のひらの向きに至るまで、本当に細かく具体的に書かれています。そして、その一つ一つに、「なるほど！」と納得させられる理由があるのです。

青木さんのそのきめの細かさが、本のタイトルにもあるように**「不慣れな人もほっと安心」して参加できる場づくり**につながっているのだと思います。

②参加者の気持ちによりそうファシリテーション　後藤真さん

ワークショップで話されていることを、ホワイト・ボードや模造紙にイラストをまじえながらどんどん書き（描き）出して、「見える化」しながら進めていくやり方を、「ファシリテーション・グラフィック」と呼びますが、その名人が後藤真さんです。

初めて出会ったとき、後藤さんは私のワークショップに参加者としていたのですが、グループに分かれて意

見交換をしたとき、後藤さんは、たまたま脇にあったホワイト・ボードにグループのメンバーが話していることを黙って書いていきました。グループのメンバーは、自然とそのホワイト・ボードを見ながら話す格好になり、どんどん話し合いが活性化していきました。後藤さんはひと言も発することなく、ただ書いているだけなのですが、話の内容が「見える化」されることによって大事なポイントが浮かびあがり、とても建設的な話し合いができたのです。「この人、すごいな」と思いました。

また、後藤さんは臨床心理士でもあり、コミュニケーションをテーマに、**参加者の気持ちに寄り添いながらワークショップを進める**のがとても上手です。参加者に向かって常に「大丈夫ですよ」「無理しなくていいですよ」「言ってくださって、ありがとうございます」と伝えながら進めていきます。後藤さんのワークショップがいつも、とても安全な空間にいる感じがするのは、臨床心理士という仕事柄、参加者が感じる小さな「不安」をよくわかっているからではないかと思います。

③社会と向き合うファシリテーター　徳田太郎さん

徳田太郎さんは、一年じゅう、旅芸人のように全国をとび回ってワークショップをやっているプロのファシリテーターですが、それだけでなく、地元の茨城県つくば市では、市民運動のコーディネーターとして活躍しています。

二〇二〇年には、「話そう 選ぼう いばらきの未来」をキャッチコピーに、茨城県初の県民投票の実現を目指す「いばらき原発県民投票の会」の共同代表をつとめました。原子力発電所の再稼働について議論する活動

（1）青木将幸（二〇一二）『市民の会議術―ミーティング・ファシリテーション入門―』ハンズオン！埼玉。
（2）青木将幸（二〇一三）『リラックスと集中を一瞬でつくる　アイス・ブレイク・ベスト50』ほんの森出版。
（3）青木将幸（二〇二一）『オンラインでもアイスブレイク！ベスト50―不慣れな人もほっと安心―』ほんの森出版。

です。そのときの「メッセージ」にこんなことばがつづられています。

「地域に、原子力発電所がある。動かすことによって得られる〈価値〉もあるし、停めることによって得られる〈価値〉もある。「みんな」にとって、どうすることが、いちばんよいのだろう？　そして、それを「みんなで決めた」ことにするには？　私たちが挑戦しているのは、この「むずかしくて、めんどくさい」問題です。そして、私たちが提案しているのは、〈VOICE〉と〈VOTE〉の、あたらしい組み合わせ。みんなが、いろいろな角度から〈声〉を挙げ、お互いに聴きあう。じっくりと考えた結果、一人ひとりが、自分の考えを〈票〉という形で示す。そんな機会を設けることが、そして、その結果を、「決める」際の重要な要素としてみんなが尊重することが、あたらしい〈政治〉の、そして〈民主主義〉の、ひとつのあり方を示すことになるんじゃないか。そんなふうに考えています。だから、原発だけの問題じゃないし、茨城だけの問題でもない。これまでに積み重ねられてきた、さまざまな取り組みに連なるものでありながら、これまでにない試みがたくさん埋め込まれた、まったく新しい取り組みでもある。そんな、「デモクラシーのバージョンアップ」へのチャレンジ。ぜひ、ご一緒しましょう。[(4)]」

徳田さんと知り合った頃、**「ワークショップは、ファシリテーターである、ぼくらなりの民主化運動」**だと語り合ったことがあります。徳田さんはまさに、身体を張って社会と向き合うファシリテーターであり、徳田さんのあり方そのものが、ファシリテーションだと言えるかもしれません。

（木下理仁）

（4）いばらき原発県民投票の会クラウドファンディングウェブサイトより。

おわりに

神奈川という地域では、身近に世界とつながるきっかけがたくさんあります。

今から四〇年ぐらい前の横浜中華街は、高級店のあるメインストリートから少し裏手に入ると、ちょっと古臭いがおいしい、大きな声の中国語が飛び交う「カオス」のような世界観のあるまちでした。

さらに、大和にあったインドシナ難民定住促進センターの定住支援がおこなわれたことで、ベトナム、ラオス、カンボジアにルーツをもつ人々も暮らしています。

フィリピンからやっていた人々、ブラジルからきた人々など、多様なルーツをもった人が生活する地域もあります。多言語多文化な世界が広がるまち、それが神奈川の一側面です。多文化を視覚、味覚、聴覚、嗅覚で感じること、それが神奈川の当たり前の日常の姿でした。

バブルの頃は、寿のドヤ街に出稼ぎ目的で日本に来たアジアの多様な文化をもった人たちが滞在し、多文化な地域が形成されました。

もっと歴史をさかのぼれば、川崎の在日コリアンのコミュニティ、鶴見の沖縄移民のコミュニティなど、神奈川に住む私たちは、「多文化共生」を経験的に学ぶ機会があり、そうした、人やまちの多様性が神奈川の個性です。

そんな神奈川も、最近ずいぶん変わったな、と思うことが多くなりました。神奈川という地域の個性であった「ごちゃまぜ」感は埋没し、意識的に地域を掘り下げないと「多文化共生」を体で感じることができないようになりつつある、そんな気がします。地域としての個性や面白さを感じられない、そんな神奈川に変化している感じがします。

特に、最近の横浜の湾岸地域は、どうでしょうか。次々と高層ビルが立ち並び、小奇麗で御洒落だが、少し「静か」で「無味／無臭」で少し冷たい、人工的な場の雰囲気が神奈川のシンボルになりつつあります。どんな地域にも、歴史や文化がありますが、どんな変遷を辿ったか、何を大切にしてきたか、世代を超えて受け継ぐことが大切です。

私たち「かながわ開発教育センター」の運営委員メンバーには、多様な世代の教育・国際協力関係者が関わっています。そんな私たち自身でも、激しく変化する世界の中で、私たちが大切にしてきたこと、すなわち「地域を掘り下げ、世界とつながる」学びづくりを通して、公正な地域・社会・世界を創造するための基本的な考え方について、意識化、見える化、共有したい、という思いが強くなりました。

Ｋ－ＤＥＣの創成期に関わった世代だけではなく、あとから学びづくりの輪に参加した者も、そしてこれから先の次の世代に関わる者も、私たちは何を受け継ぐ責任があるか、私たち自身何度も意見交換を重ねました。そしてその結果、今回このような出版企画を立ち上げ、刊行することとなりました。

急速なスピードで社会は変化し、学びに求められる内容も複雑になってきました。神奈川という地域にねざした開発教育を、Ｋ－ＤＥＣのメンバーがどのように考え、学びづくりをどのようにしてきたのかを確認し、さらに新しい学びの輪の創造につなげることが本書発刊のねらいです。

出版事情が悪いなか、先鋭的とも思える本の出版を快諾していただいた明石書店社長の大江道雅氏に感謝の意を表したいと思います。また、編集の労をとっていただいた編集部の森富士夫さん、ありがとうございました。

この本を読んでいただいた皆様、多様性を尊重し共生する、そんな風土を築き、根づかせ、歴史をつくり、未来へとバトンを渡す、そのようにして地域と世界の真の持続可能性を一緒に創り上げていきましょう。

二〇二一年六月　　共編者　岩本　泰

《SDGs・開発教育に関する文献案内》

📕は文中に引用された書籍　👍は「私のお薦め本」で紹介したもの
☞数字は掲載頁

■開発／SDGsとは?■

👍『人間の大地』犬養道子（一九八三）中央公論社 ☞147

『社会的共通資本』宇沢弘文（二〇〇〇）岩波書店

📕『死を招く援助』ブリギッテ・エルラー著、伊藤明子訳（一九八七）亜紀書房 ☞89

👍『パパラギ—はじめて文明を見た南海の酋長ツイアビの演説集—』岡崎照男訳（一九八一）立風書房 ☞85

📕『人類・開発・NGO—「脱開発」は私たちの未来を描けるか—』片岡幸彦編（一九九七）新評論 ☞209

📕『SDGsアクションブックかながわ』神奈川県（二〇一九）☞37

📕『構造的暴力と平和』ヨハン・ガルトゥング著、高柳先男、塩屋保、酒井由美子訳（一九九一）中央大学出版部 ☞65

📕『地球の未来を守るために』環境と開発に関する世界委員会著、大来佐武郎監修（一九八七）福武書店 ☞194, 195

『SDGs時代の教育—すべての人に質の高い学びの機会を—』北村友人、佐藤真久、佐藤学編著（二〇一九）学文社

👍『SDGsと学校教育　総合的な学習／探究の時間—持続可能な未来の創造と探究—』小玉敏也、金馬国晴、岩本泰編著（二〇二〇）学文社 ☞72

『人新世の「資本論」』斎藤幸平（二〇二〇）集英社

『SDGs時代の平和学』佐渡友哲（二〇一九）法律文化社

📕『健全な地球のために—21世紀にむけての移行の戦略—』イグナチ・サックス著、都留重人訳（一九九四）サイマル出版会 ☞63

👍📕『脱「開発」の時代—現代社会を解読するキイワード辞典—』ヴォルフガング・ザックス、イヴァン・イリッチ他著、三浦清隆他訳（一九九六）晶文社 ☞120, 179

📕『富める貧者の国』佐和隆光、浅田彰（二〇〇一）ダイヤモンド社 ☞181

『世界の半分がなぜ飢えるのか—食糧危機の構造—』スーザン・ジョージ著、小南祐一郎、谷口真里子訳（一九八四）朝日

新聞社
『SDGsを学ぶ―国際開発・国際協力入門―』高柳彰夫、大橋正明編（二〇一八）法律文化社
『ドラッカー二〇二〇年日本人への「預言」』田中弥生（二〇一二）集英社　☞119
『第三世界の農村開発　貧困の解決―私たちにできること―』ロバート・チェンバース著、穂積智夫、甲斐田万智子訳（一九九五）明石書店
『参加型開発と国際協力―変わるのはわたしたち―』ロバート・チェンバース著、野田直人、白鳥清志監訳（二〇〇〇）明石書店
『鶴見和子曼荼羅Ⅸ　環の巻』鶴見和子（一九九九）藤原書店　☞181
『バナナと日本人―フィリピン農園と食卓のあいだ―』鶴見良行（一九八二）岩波書店　☞89, 103, 119
『東南アジアを知る―私の方法―』鶴見良行（一九九五）岩波書店　☞119
『豊かなアジア貧しい日本―過剰開発から生命系の経済へ―』中村尚志（一九八九）学陽書房
『地域自立の経済学』中村尚司（一九九八）日本評論社　☞181
『気候変動の時代を生きる―持続可能な未来に導く教育フロンティア―』永田佳之（二〇一九）山川出版社
『仏教・開発（かいほつ）・NGO――タイ開発（かいほつ）僧に学ぶ共生の智慧―』西川潤・野田真理編（二〇〇〇）新評論　☞181
『資源問題の正義―コンゴの紛争資源問題と消費者の責任―』華井和代（二〇一六）東信堂　☞39
『増補　アイデンティティと共生の哲学』花崎皋平（二〇〇一）平凡社
『幸せのマニフェスト―消費社会から関係の豊かな社会へ―』ステファーノ・バルトリーニ著、中野佳裕訳・解説（二〇一八）コモンズ
『二十一世紀の資本』トマ・ピケティ著、山形浩生他訳（二〇一四）みすず書房　☞181
『グローバル定常社会―地球社会の理論のために―』広井良典（二〇〇九）岩波書店
『炎熱商人』深田祐介（一九八四）文藝春秋　☞104
『神鷲商人（上・下）』深田祐介（一九八六）新潮社　☞104
『革命商人（上・下）』深田祐介（二〇〇二）文藝春秋　☞104
『パプア―森と海と人びと―』村井吉敬（二〇一三）めこん

『経済成長がなければ私たちは豊かになれないのだろうか』ダグラス・ラミス（二〇〇〇）平凡社

『FACTFULNESS（ファクトフルネス）―一〇の思い込みを乗り越え、データを基に世界を正しく見る習慣―』ハンス・ロスリング、オーラ・ロスリング、アンナ・ロスリング・ロンランド著、上杉周作・関美和訳（二〇一九）日経ＢＰ社 ☞86

■エコロジー／エシカル消費／フェアトレードとは？■

『甘いバナナの苦い現実』石井政子（二〇二〇）コモンズ ☞104

『フェアトレードのおかしな真実―僕は本当に良いビジネスを探す旅に出かけた―』コナー・ウッドマン著、松本裕訳（二〇一三）英治出版

『レスポンシブル・カンパニー』イヴォン・シュイナード、ヴィンセント・スタンリー著、井口耕二訳（二〇一二）ダイヤモンド社 ☞70

『はじめてのエシカル―人、自然、未来にやさしい暮らしかた―』末吉里花（二〇一六）山川出版社 ☞163

『スロー・イズ・ビューティフル―遅さとしての文化―』辻信一（二〇〇一）平凡社

『バナナと日本人―フィリピン農園と日本の食卓のあいだ―』鶴見良行（一九八二）岩波書店 ☞89, 103, 119

『まだ〝エシカル〟を知らないあなたへ』デルフィス エシカル プロジェクト編著（二〇一二）産業能率大学出版部

『ディープ・エコロジー―生き方から考える環境の思想―』アラン・ドレングソン編、井上有一共編（二〇〇一）昭和堂 ☞61

『カタツムリの知恵と脱成長―貧しさと豊かさについての変奏曲―』中野佳裕（二〇一七）コモンズ

『ぼくはお金を使わずに生きることにした』マーク・ボイル著、吉田奈緒子訳（二〇一一）紀伊國屋書店

『おしゃれなエコが世界を救う―女社長のフェアトレード奮闘記―』サフィア・ミニー（二〇〇八）日経ＢＰ社

『かつお節と日本人』宮内泰介、藤林泰（二〇一三）岩波書店 ☞104

『エビと日本人』村井吉敬（一九八八）岩波書店 ☞104

『未来を拓くエシカル購入』山本良一、中原秀樹編著（二〇一二）環境新聞社

『フェアトレード学―私たちが創る新経済秩序―』渡辺龍也（二〇一〇）新評論

『フェアトレードタウン』渡辺龍也編著（二〇一八）新評論 ☞158, 161

■子ども／生きる／教育とは？■

👍『アルコホーリクス・アノニマス（ハードカバー版改訂版）』Alcoholics Anonymous World Services Inc. 著、NPO法人AA日本ゼネラルサービス訳（二〇〇二年）NPO法人AA日本ゼネラルサービス ☞126, 129

👍『絵本「ポーポキのピース・プロジェクト」シリーズ』ロニー・アレキサンダー（二〇〇五～）岩波書店・エピック ☞148

👍『チェンジの扉―児童労働に向き合って気づいたこと―』認定NPO法人ACE著（二〇一八）集英社 ☞71, 72

『グレタたったひとりのストライキ』マレーナ＆ベアタ・エルンマン、グレタ＆スヴァンテ・トゥーンベリ著、羽根由訳（二〇一九）海と月社

👍『オリーブの森で語り合う―ファンタジー・文化・政治―』ミヒャエル・エンデ、エアハルト・エプラー、ハンネ・テヒル著、丘沢静也訳（一九八四）岩波書店 ☞176

『反貧困学習―格差の連鎖を絶つために―』大阪府西成高等学校編（二〇〇九）解放出版社

👍『子どもたちの戦争』マリア・オーセイミ著、落合恵子訳（一九九七）講談社 ☞147

『他人事≠自分事―教育と社会の根本課題を読み解く―』菊地英治（二〇二〇）東信堂

📖『子どもの文化権と文化的参加―ファンタジー空間の創造―』佐藤一子、増山均編（一九九五）第一書林 ☞209

👍『パウロ・フレイレ「被抑圧者の教育学」を読む』里見実（二〇一〇）太郎次郎社エディタス ☞57

『カラフルな学校づくり―ESD実践と校長マインド―』住田昌治（二〇一九）学文社

『学習する学校―子ども・教員・親・地域で未来の学びを創造する―』ピーター・M・センゲ著、リヒテルス直子訳（二〇一四）英治出版

👍『いのちの木（絵本）』ブリッタ・テッケントラップ作絵、森山京訳（二〇一三）ポプラ社 ☞176

『「学校」をつくり直す』苫野一徳（二〇一九）河出書房新社

『変容する世界と日本のオルタナティブ教育―生を優先する多様性の方へ―』永田佳之編（二〇一九）世織書房

『居場所のちから―生きているだけですごいんだ―』西野博之（二〇〇六）教育史料出版会

『子どもの参画―コミュニティづくりと身近な環境ケアへの参画のための理論と実際―』ロジャー・ハート著、木下勇、田中治彦、南博文監修、IPA日本支部訳（二〇〇〇）萌文社

『茶色の朝』フランク・パヴロフ著、藤本一勇訳（二〇〇三）大月書店 ☞85, 86

『「探究」する学びをつくる―社会とつながるプロジェクト型学習―』藤原さと（二〇二〇）平凡社

『被抑圧者の教育学』パウロ・フレイレ著、小沢有作、楠原彰、柿沼秀雄、伊藤周訳（一九七九）亜紀書房 ☞45, 56, 57, 168, 169

『伝達か対話か』パウロ・フレイレ著、里見実、楠原彰、桧垣良子訳（一九八二）亜紀書房 ☞168, 169

『自由のための文化行動』パウロ・フレイレ著、柿沼秀雄訳、大沢敏郎補論（一九八四）亜紀書房 ☞168, 169

『シッダールタ』ヘルマン・ヘッセ著、高橋健二訳（一九五九）新潮社 ☞175

『山びこ学校』無着成恭編（一九九五）岩波書店 ☞55, 56

『状況に埋め込まれた学習―正統的周辺参加―』ジーン・レイヴ、エティエンヌ・ウェンガー著、佐伯胖訳（一九九三）産業図書 ☞160, 161

シリーズ『世界のともだち』（二〇一四）偕成社 ☞23

■国際理解教育／開発教育／環境教育／ESD／参加型学習／アクティブ・ラーニングとは？■

『市民の会議術―ミーティング・ファシリテーション入門―』青木将幸（二〇一二）ハンズオン！埼玉 ☞218, 219

『リラックスと集中を一瞬でつくる―アイス・ブレイク・ベスト50―』青木将幸（二〇一三）ほんの森出版 ☞218, 219

『オンラインでもアイスブレイク！ベスト50―不慣れな人もほっと安心―』青木将幸（二〇二一）ほんの森出版 ☞218, 219

『世界がもし一〇〇人の村だったら』池田香代子再話（二〇〇一）マガジンハウス ☞152, 153

『ワークショップ版・世界がもし一〇〇人の村だったら（第6版）』開発教育協会（二〇二〇）☞153

『社会科アクティブ・ラーニングへの挑戦―社会参画をめざす参加型学習―』風巻浩（二〇一六）明石書店 ☞53

『SDGsと学校教育　総合的な学習／探究の時間―持続可能な未来の創造と探究―』小玉敏也、金馬国晴、岩本泰編著（二〇二〇）学文社 ☞72

『未来をつくる教育ESD―持続可能な多文化社会をめざして―』五島敦子、関口知子（二〇一〇）明石書店 ☞207

『健全な地球のために―21世紀にむけての移行の戦略―』イグナチ・サックス著、都留重人訳（一九九四）サイマル出版会 ☞63

📖『環境教育と開発教育　実践的統一への展望―ポスト二〇一五のESDへ―』鈴木敏正、佐藤真久、田中治彦編著（二〇一七）筑波書房 ☞199, 203

『国際協力と開発教育―「援助」の近未来を探る―』田中治彦（二〇〇八）明石書店

『参加型ワークショップ入門』ロバート・チェンバース著、野田直人監訳（二〇〇四）明石書店

📖『国際理解教育・環境教育などの現状と課題』図書教材研究センター国際教育研究プロジェクト（一九九四）図書教材研究センター ☞189

📖『国際理解教育―地球的な協力のために―』永井滋郎（一九八九）第一学習社 ☞189

『新たな時代のESDサスティナブルな学校を創ろう―世界のホールスクールから学ぶ―』永田佳之、曽我幸代編著・訳（二〇一七）明石書店

『学び合う場のつくり方―本当の学びへのファシリテーション―』中野民夫（二〇一七）岩波書店

『気候変動の時代を生きる―持続可能な未来に導く教育フロンティア―』永田佳之（二〇一九）山川出版社

『グローバル時代の「開発」を考える―世界との関わり、共に生きるための7つのヒント―』西あい、湯本浩之編著（二〇一七）明石書店

📖『学習：秘められた宝―ユネスコ「21世紀教育国際委員会」報告書―』21世紀教育国際委員会著、天城勲監訳（一九九七）ぎょうせい ☞204, 205

『環境教育とESD』日本環境教育学会編（二〇一四）東洋館出版社

『環境学習のラーニング・デザイン―アクティブ・ラーニングで学ぶ持続可能な社会づくり―』日本環境教育学会編（二〇一九）キーステージ21

『事典　持続可能な社会と教育』日本環境教育学会、日本国際理解教育学会、日本社会教育学会、日本学校教育学会、SDGs市民社会ネットワーク、グローバル・コンパクト・ネットワーク・ジャパン編（二〇一九）教育出版

『現代国際理解教育事典』日本国際理解教育学会編著（二〇一二）明石書店

📖『国際理解教育ハンドブック―グローバル・シティズンシップを育む―』日本国際理解教育学会編著（二〇一五）明石書店 ☞47

📖『国際理解教育を問い直す―現代的課題への15のアプローチ―』日本国際理解教育学会編著（二〇二一）明石書店 ☞43

『地球市民を育む学習』グラハム・パイク、ディヴィド・セルビー著、中川喜代子監修、阿久澤麻里子訳（一九九七）明石書店 ☞169

『ワールドスタディーズ―学び方・教え方ハンドブック―』サイモン・フィッシャー、デイヴィッド・ヒックス著、国際理解教育・資料情報センター編訳（一九九一）ＥＲＩＣ

『地域から描くこれからの開発教育』山西優二、上條直美、近藤牧子編（二〇〇八）新評論 ☞37, 171, 173

『あなたのたいせつなものはなんですか？・・・カンボジアより』山本敏晴（二〇〇五）小学館 ☞39

『アクティブ・ラーニングとは何か』渡部淳（二〇二〇）岩波書店

■多文化共生／多文化共生教育とは？■

『イスラーム／ムスリムをどう教えるか―ステレオタイプからの脱却を目指す異文化理解―』荒井正剛、小林春夫編著（二〇二〇）明石書店

『母さん、ぼくは生きてます』アリ・ジャン著、池田香代子監修、絵、アフガニスタン難民の子どもたち（二〇〇四）マガジンハウス

『リベラルなイスラーム―自分らしくある宗教講義―』大川玲子（二〇二一）慶應義塾大学出版会

『まんがクラスメイトは外国人課題編―私たちが向き合う多文化共生の現実―』みなみななみ画、「がいこくにつながるこどもたちの物語」編集委員会編（二〇二〇）明石書店

『ヘイトデモをとめた街―川崎・桜本の人びと―』神奈川新聞「時代の正体」取材班（二〇一六）現代思潮新社

『排外主義と在日コリアン―互いに「バカ」と呼び合うまえに―』川端浩平（二〇二〇）晃洋書房

『わたしもじだいのいちぶです―川崎桜本・ハルモニたちがつづった生活史―』康潤伊、鈴木宏子、丹野清人編著（二〇一九）日本評論社

『国籍の？（ハテナ）がわかる本』木下理仁（二〇一九）太郎次郎社エディタス

『ぼく、もう我慢できないよ―ある「いじめられっ子」の自殺―』金賛汀（一九八九）講談社

『多文化共生教育とアイデンティティ』金侖貞（二〇〇七）明石書店

『在日外国人第三版―法の壁、心の溝―』田中宏（二〇一三）岩波書店

📖『多文化共生に関する研究会報告書―地域における多文化共生の推進に向けて―』多文化共生に関する研究会（二〇〇六）総務省 ☞206, 207

📖『高校で考えた外国人の人権―ぼくらが訳した国連「移住労働者とその家族の権利条約」―』神奈川県立多摩高校日本語ボランティアサークル（一九九二）明石書店 ☞47

📖『イッ・イッ・イッ・たりないよ―ベトナム民話から―（絵本）』多摩高校日本語ボランティアサークル編（一九九五）かど創房 ☞47

『国家と移民―外国人労働者と日本の未来―』鳥井一平（二〇二〇）集英社

『「人種」「民族」をどう教えるか―創られた概念の解体をめざして―』中山京子、東優也、太田満、森茂岳雄編著（二〇二一）明石書店

『移民と日本社会―データで読み解く実態と将来像―』永吉希久子（二〇二〇）中央公論新社

『移民から教育を考える―子どもたちをとりまくグローバル時代の課題―』額賀美紗子、柴野純一、三浦綾希子編（二〇一九）ナカニシヤ出版

『多文化共生をめざす地域づくり―横浜、鶴見、潮田からの報告―』沼尾実編（一九九六）明石書店

『新版シミュレーション教材「ひょうたん島」問題―多文化共生社会ニッポンの学習課題―』藤原孝章（二〇二一）明石書店

📖『ぼくはイエローで、ホワイトで、ちょっとブルー』ブレイディみかこ（二〇一九）新潮社 ☞163

『根絶！ヘイトとの闘い―共生の街・川崎から―』ヘイトスピーチを許さないかわさき市民ネットワーク編（二〇一七）緑風出版

『自治体の変革と在日コリアン―共生の施策づくりとその苦悩―』星野修美（二〇〇五）明石書店

『多文化共生のためのテキストブック』松尾知明（二〇一一）明石書店

『「移民時代」の多文化共生論―想像力・創造力を育む14のレッスン―』松尾知明（二〇二〇）明石書店

📖『指紋押捺拒否者への「脅迫状」を読む』民族差別と闘う関東交流集会実行委員会編著（一九八五）明石書店 ☞57

『ヘイト・スピーチとは何か』師岡康子（二〇一三）岩波書店

『レイシズムとは何か』梁英聖（二〇二〇）筑摩書房

『朝鮮籍とは何か―トランスナショナルの視点から―』李里花編著（二〇二一）明石書店

■地域／公共／NGO／ボランティアとは／地域で何ができる？■

『日本人と隣人―隣人と関わる―』阿部志郎（一九八一）日本YMCA同盟出版部 139

『ボランティアへの招待』岩波書店編集部編（二〇〇一）岩波書店 138, 139

『新ボランティア学のすすめ』内海成治、中村安秀編（二〇一四）昭和堂

『非戦・対話・NGO―国境を超え、世代を受け継ぐ私たちの歩み―』大橋正明、谷山博司、宇井志緒利、金啓黙、中村絵乃、野川未央編著（二〇一七）新評論

『NGO主義でいこう』小野行雄（二〇〇二）藤原書店

『利潤か人間か―グローバル化の実態と新しい社会運動―』北沢洋子（二〇〇三）コモンズ

『神戸とYMCA百年』神戸キリスト教青年会（一九八七）神戸YMCA 141

『興望館創立一〇〇周年記念誌―希望の扉―』興望館創立一〇〇周年記念誌編集委員会編（二〇一九）興望館 143, 144

『開発援助か社会運動か』定松栄一（二〇〇二）コモンズ

『市民の反抗』H・D・ソロー著、飯田実訳（一九九七）岩波書店 120

『ボランティア未来論―私が気づけば社会が変わる―』中田豊一（二〇〇〇）コモンズ

『アメリカの民主政治（上・下）』アレクシス・トクヴィル（一九八七）講談社 107

『地域自立の経済学』中村尚司（一九九八）日本評論社 181

『日本YMCA史』奈良常五郎（一九五九）日本YMCA同盟出版部 141

『風の自叙伝―横浜・寿町の日雇労働者たち―』野本三吉（一九八二）新宿書房 129

『公共性の構造転換』ユルゲン・ハーバーマス著、細谷貞雄、山田正行訳（一九九四）未來社 117

『ソウルの市民民主主義―日本の政治を変えるために―』朴元淳他著、白石孝編著（二〇一八）コモンズ

『内発的発展の道―まちづくり、むらづくりの論理と展望―』守友裕一（一九九一）農山漁村文化協会 199

ガン監督 69
『どっこい！人間節―寿自由労働者の街―』(1975) 小川プロダクション 127
『まとう』(2010) 朴英二監督・脚本 82, 83

〔教　材〕

『このTシャツはどこからくるの？―ファッションの裏側にある児童労働の真実―』ACE 67, 69
『新・貿易ゲーム―経済のグローバル化を考える―』開発教育協会・かながわ国際交流財団 91
『パーム油のはなし―地球にやさしいってなんだろう？―（改訂版）』開発教育協会 64, 65
『レヌカの学び』開発教育協会 23
『ワークショップ版･世界がもし100人の村だったら（第6版）』開発教育協会 153

〔団　体〕

アクションエイド【イギリス】155
アジア福祉教育財団難民事業本部 133
ACE 131
FM わいわい 133
開発教育協会（開発教育協議会）DEAR 8, 23, 35, 64, 65, 91, 152, 153, 165, 173, 183, 184
かながわ外国人すまいサポートセンター 136
神奈川県難民定住援助協会 44
川崎富川高校生フォーラム・ハナ 41, 51-54
草の根援助運動 105, 108-110, 112, 179
クリスチャンエイド【イギリス】91
神戸アジアタウン推進協議会 133
興望館 131, 137, 141-145
国際協力推進協会（APIC）150
国際子ども権利センター 49
在日本大韓民国民団（民団）78
在日本朝鮮人総聯合会（総聯）78
シャプラニール＝市民による海外協力の会 49
SOJAG【バングラデシュ】43
たかとりコミュニティセンター 133, 137
日本キリスト教海外医療協力会（JOCS）131
日本キリスト教団神奈川教区寿地区センター 141
日本キリスト教婦人矯風会 142
日本ナショナル・トラスト協会 115
日本 YMCA 同盟 131, 139, 141
ビマサンガ【インド】49
フィリピン農村再建運動（PRRM）【フィリピン】49, 108
フリー・ザ・チルドレン・ジャパン 49
ブリッジ・フォー・ピース 93
ふれんどしっぷ ASIA 94-96, 98
ムリンディ・ジャパン・ワンラブ・プロジェクト【ルワンダ】49
ルンアルン（暁）プロジェクト 97-100

186-192, 195, 196, 208
平和・人権・民主主義のための教育に関する包括的行動計画案 187
平和の文化に関する宣言 187
変革を促す教育（transformative education） 72
貿易ゲーム 90, 91, 154
ボートピープル 135, 147
ボランティア 5, 30, 44, 45, 47-49, 87, 90, 100, 116, 118, 122, 131, 132, 137-140, 145, 146, 149, 150
ボランティア元年 137, 138
ホリスティック／ホリスティック教育 44, 46, 47, 165, 169, 171, 187

マ行

マイノリティ 77, 80, 117
未来志向 189, 191
「未来のための金曜日」デモ 117
民主化 110, 220
問題化型教育（課題提起型教育） 56, 57, 211

ヤ行

ユネスコ／ユネスコ憲章 43, 67, 186-188, 204, 205
ユネスコスクール 67
ユネスコ1974年国際教育勧告 186, 187
ヨーロッパ市民 54
寄せ場 136

ラ行

「ラナプラザ」事故 69
ランキング 213
リオデジャネイロサミット 58, 62
リサイクル 69, 70
歴史総合（科目） 53, 55
レスポンシビリティ（責任・応答） 70
連帯 126, 141, 186, 188, 196
ロールプレイング 213

ワ行

ワークキャンプ 42-44, 46, 48, 149
ワークショップ 5, 8, 61, 64, 82, 86, 90, 128, 129, 133, 134, 152, 153, 155, 160, 161, 215-220
ワールドスタディーズ 211
わかちあいの経済 100-103
我々の世界を変革する：持続可能な開発のための2030アジェンダ 193, 195

〔人　名〕

李仁夏 57
上原専祿 54, 55
ヴェルヘルスト, ティエリ 208, 209
賀川豊彦 137, 140, 141, 145
大橋正明 43, 150
ガルトゥング, ヨハン 65
北沢洋子 112, 114
草地賢一 139
楠原彰 41, 45, 56, 169
コッカ, ユルゲン 116, 117
里見実 41, 57, 169
セルビー, ディヴィド 169
鶴見和子 154, 181
鶴見良行 89, 103, 119
デューイ, ジョン 211
トゥーンベリ, グレタ 117, 120
ハーバーマス, ユルゲン 116, 117
パイク, グラハム 169
ピケティ, トマ 181
フレイレ, パウロ 41, 45, 56, 57, 155, 168, 169, 211
マザー・テレサ 145

〔映　画〕

『あしがらさん』（2002）飯田基晴監督 127
『教えられなかった戦争（マレー半島編、フィリピン編、沖縄編、中国編）』（1992 ～ 2005）高岩仁監督、映像文化協会 90, 91
『沈黙—立ち上がる慰安婦—』（2017）朴壽南監督 51
『ザ・トゥルー・コスト—ファストファッション真の代償—』（2015）アンドリュー・モー

多文化共生／多文化共生教育 4, 5, 25, 41, 52, 53, 57, 76, 77, 84, 131, 132, 133, 136, 137, 169, 204, 206, 207, 210, 221
多文化主義／ジャズ論的多文化主義／サラダボウル論的多文化主義 206, 207
タンザニア 4, 17-22, 119
タンタル 40
タンライス・プロジェクト 19
「地域自立の経済」理論 181
地球サミット 58, 61
地球市民 8, 45, 78, 156, 169, 201
地球にやさしい 59, 61, 63-65
チマチョゴリ事件 82
ちむぐりさ（肝苦りさ） 138
つながり 3, 22-24, 26, 36, 40, 43, 59, 62, 64, 65, 67, 68, 72, 73, 83, 100-102, 118, 120, 137, 141, 145-147, 151, 152, 156, 161, 167, 168, 184, 188, 198, 200, 201, 217
ディッセント 138
ディベート 213
適正技術 196
問い 5, 18, 24, 43, 45-47, 58-60, 62, 72, 85, 90, 93, 144, 148, 155, 167, 171, 175, 196, 197, 215, 217
統一展望台 52
当事者性／当事者意識 18, 20, 21, 25
トリクルダウン仮説 180
ドンホー版画 48

ナ行

内発的発展論 154
ナショナルトラスト運動 115
ナヌムの家 50-52
難民 44, 46, 132-134, 145, 207, 221
日韓基本条約 52
日本軍慰安婦 50, 51
人間開発 113, 181, 196
ネイティブ・アメリカン 180
ネグロス 88, 89, 94, 95
熱帯雨林 64
ネパール 23, 49, 149, 151, 152, 155-157, 165

ハ行

場 64, 125, 203, 213, 222
パートナーシップ 97, 195-197
パーム油 64, 65, 67
バイリンガル 47, 54
パタゴニア（企業） 70, 71
ハビタットⅡ／第二回国連人間居住会議 133
阪神・淡路大震災 5, 45, 131, 132, 134, 136, 137, 139, 148
PRA（Participatory Rural/Rapid Appraisal） 154, 155
PLA（Participatory Learning and Action） 155
東アジア市民 4, 41, 52-55
東ティモール 160
非正規移住 47
貧困／貧困問題 7, 9, 62, 65, 71, 88, 91, 106, 118, 119, 120, 123, 124, 127, 137, 140, 142, 145, 150, 151, 152, 174, 181, 183, 184, 193, 194, 195, 196, 205, 212
ファシズム／ナチズム 86
ファシリテーター／ファシリテーション 6, 18, 128, 129, 154, 213-220
フィールドワーク 24, 26-28, 38, 43, 52, 90, 124
フィリピン 4, 49, 87-93, 95, 100, 103-112, 119, 152, 179, 221
風土 175, 200, 222
フードロス 68
フェアトレード／フェアトレードタウン 4, 5, 68, 95, 96, 97, 99, 102, 149, 151, 152, 156, 157, 158, 159, 160, 161, 162, 163
フォトランゲージ 64, 213
深い学び／深い問い 43, 45, 46, 47
福祉 112, 122-125, 131, 133, 139-142, 159, 161, 173, 174, 207
プランテーション 64, 94
プランニング 213
平和／平和教育 4, 7, 36, 53, 55, 57, 62, 64, 65, 67, 85, 92, 93, 131, 141, 146, 148, 161, 168, 173, 174, 180, 183,

グローバル／グローバル化／グローバル人材／グローバル・パートナーシップ 36, 47, 91, 100, 114, 137, 147, 171, 183, 187-189, 196, 201, 204, 209, 211
グローバル教育 211
グローバル市民教育（GCED：Global Citizenship Education） 187
公害／公害問題 59, 62
公共（科目） 53
公正（equity） 4, 7, 35, 36, 53, 57, 68, 97, 102, 141, 146, 162, 168, 172-175, 184, 190-192, 194-197, 199-201, 203, 205, 206, 222
構造的暴力 65
コード 56
国連開発計画（UNDP） 113, 181
国連人間居住会議 133
寿町 5, 122-130, 156
コミュニケーション 92, 135, 188, 189, 191, 192, 209, 219
コミュニティー 32, 33

サ行

西大門刑務所記念館 52
在日コリアン／朝鮮学校 4, 50, 51, 54, 57, 76, 78, 80-83, 132, 204, 206, 221
サルボダヤ思想 43
参加型開発 108, 154, 197, 212
参加型学習／参加体験型学習 5, 47, 53, 55, 56, 128, 154, 155, 185, 211-213
CO_2排出削減 69
識字／非識字 43, 44, 46, 153, 155, 211
自己変容 42, 89
自然保護 59, 70
持続可能性／サステナビリティ／持続可能な開発 3, 4, 54, 58, 61-63, 67, 69-71, 95, 99, 100, 156, 168, 174, 175, 181, 185, 187, 193-197, 199, 222
持続可能な開発サミット 63
持続可能な開発のための教育（ESD） 54, 55, 69, 156, 168, 174, 185, 187, 193, 199, 203, 207
持続可能な開発のための教育の10年 63
持続可能な開発目標（SDGs） 3, 5, 6, 9, 37, 38, 54, 55, 69, 72, 106, 120, 121, 138, 162, 174, 175, 179, 181, 185, 187, 193, 194, 196, 197
持続可能な農漁村地域プログラム 110
児童労働 16, 64, 65, 67, 69, 71, 72
自分事 92, 145, 147
シミュレーション 90, 213
市民／市民社会 4-6, 8, 37, 41, 45, 49, 52-55, 57, 63, 78, 105, 106, 108, 109, 111, 112, 114-120, 137-141, 156-161, 167, 169, 171, 175, 183, 185, 187, 193, 194, 201, 203, 207, 218, 219
社会参加／社会参画 36, 53, 56, 201, 209, 211, 212
社会変革／社会開発 36, 155, 185, 196
ジュビリー2000 112-114
循環型経済 197
状況に埋め込まれた学習 160, 161
情動／社会的情動 168, 187, 188, 191, 203
Think Globally, Act Locally./Think Locally, Act Globally. 6, 54, 144, 145
人権 7, 36, 46, 47, 62, 64, 70, 117, 132, 133, 142, 174, 178, 181, 183, 186, 187, 205, 207, 212
スタディツアー 16, 43, 48, 68, 72, 108, 119, 149, 156
スペイン風邪 142
スラム 88, 92, 140, 141, 144
正義（justice） 39, 194
省察（Reflection） 45, 47, 168
生成テーマ 56
世界連邦運動 141
責任ある環境行動 63
せつなさ 42, 44, 45
セツルメント 5, 131, 137, 138, 140-145
セルフエスティーム（自己肯定感） 191, 192
先住民 64, 94, 167, 180
総合的な学習の時間／総合的探究の時間 53, 60, 173

タ行

対話 41, 56, 97, 126, 128, 136, 168, 169, 176, 211, 213

《SDGs・開発教育に関する索引》

〔事　項〕

ア行

アースミュージアム　4, 66, 68, 69
アイデンティティ　52-54, 77, 82, 135, 164, 191, 204, 205, 207, 208
アクティビティ　64, 153
アジア市民　4, 41, 52-55, 201
アジア・太平洋戦争／太平洋戦争／第二次世界大戦　28, 54-56, 78, 89, 93, 104, 178
アボリジニ　180
アメリカ化　180
アルザス・ロレーヌ　54
OUR COMMON FUTURE（邦訳書『地球の未来を守るために』）194, 195
ESD（→持続可能な開発のための教育）54, 55, 69, 156, 174, 185, 187, 193, 199, 203, 207
異議申し立て　139
意識化　56, 168, 222
移住労働者／外国人労働者　46, 47, 204
イスタンブール宣言　133
イフガオ　179
インクルージョン（包摂）／インクルーシブ（包摂的）195-197
英連邦戦没捕虜　93
AA（アルコホーリクス・アノニマス）126, 129
エコロジー／ディープ・エコロジー　59, 60, 61
SDGs（→持続可能な開発目標）37, 196
SDGs未来都市　37
NGO　4, 5, 30, 31, 43, 49, 64, 67, 79, 87-89, 92, 96, 105-109, 111, 112, 115-119, 133, 138, 139, 149, 150, 155, 157, 179, 181, 182, 203, 209
NPO　5, 71, 80, 93, 95, 105, 115, 116, 122, 129, 137, 156
MDGs（ミレニアム開発目標）193
エンパワー／エンパワーメント　73
オーガニックコットン　70, 160
オルタナティブ（オルターナティブ）110, 116, 197

カ行

開発　3-9, 17, 22, 23, 25, 26, 29, 35-37, 43, 54, 55, 59-65, 67, 70, 76, 84, 85, 89-93, 95, 101-104, 106-108, 110, 111, 113, 120, 128, 129, 133, 136, 137, 144-148, 150-156, 158-163, 165-169, 171-174, 178-185, 187, 190-199, 203, 204, 209, 211, 212, 217, 222
開発の「人権アプローチ」181
開発（かいほつ＝パワナー）178, 181
関わり　5, 8, 21, 22, 24, 25, 30, 31, 34, 35, 37, 38, 49, 119, 126, 128, 137, 144, 146, 165, 166, 168-171, 174, 175, 184, 214, 217
格差　3, 7, 35, 65, 71, 89, 137, 142, 152, 153, 166, 167, 174, 183, 184, 193, 200, 205, 212
釜ヶ崎　123, 136
カラバルソン計画　109, 110
環境／環境教育　4, 7, 9, 20, 31, 35, 36, 58-71, 88, 94, 95, 102-104, 111, 120, 133, 151, 161-163, 174, 178, 179, 183, 184, 187, 189, 193-196, 198-200, 203, 205
環境基本法　58
環境と社会に関する国際会議　61, 63
韓国（大韓民国）49, 50, 51, 52, 53, 54, 78, 135
関心／無関心　24, 26, 42, 45, 47, 50, 51, 103, 117, 126, 136, 145, 154, 171, 175, 193, 202, 211
観想（Contemplation）46, 47
関東大震災　5, 137, 139, 140, 141, 143
カンボジア　4, 15, 16, 17, 25, 26, 29-36, 38, 39, 44, 47, 221
共生／共に生きる　4, 5, 25, 35, 36, 41, 52, 53, 57, 68, 76, 77, 84, 87, 90-92, 95, 101, 131-133, 136, 137, 144-146, 168, 169, 172-174, 184, 190-192, 196, 199-201, 203, 204, 206-208, 210, 221, 222
クズネッツの「逆U理論」180
グッドガバナンス論　181
グリーンウォッシュ　69
グローバリゼーション　64, 109, 111

執筆者紹介（五十音順）

磯野昌子（いその　よしこ）……第 10 章
K-DEC 理事。明治学院大学ボランティアコーディネーター、逗子フェアトレードタウンの会共同代表、地球の木理事長。共著『フェアトレードタウン』（新評論、2018 年）等。

岩本泰（いわもと　ゆたか）※編著者紹介参照　……第 4 章、おわりに

大江　浩（おおえ　ひろし）……第 9 章
K-DEC 監事。社会福祉法人興望館常務理事。神戸及び横浜 YMCA、日本キリスト教海外医療協力会、日本 YMCA 同盟を歴任。共著『新ボランティア学のすすめ』（昭和堂、2014 年）。

小野行雄（おの　ゆきお）※編著者紹介参照　……第 7 章、第 12 章

風巻浩（かざまき　ひろし）※編著者紹介参照　……この本を手に取ったみなさんへ、第 3 章

木下大樹（きのした　だいき）……第 8 章
K-DEC 運営委員。NPO 法人職員として障害福祉サービスに従事。寿町でのボランティア活動に細く長く携わっている。“聴く”ことの奥深さを探求中。

木下理仁（きのした　よしひと）……第 5 章、第 20 章
K-DEC 理事・事務局長。東海大学教養学部国際学科非常勤講師。単著『国籍の？（ハテナ）がわかる本』（太郎次郎社エディタス、2019 年）等。

田中祥一（たなか　しょういち）……第 6 章
K-DEC 運営委員。高等学校教員（英語科、グローバル教養系列）。ふれんどしっぷ ASIA 代表理事、NPO 法人 APEX 理事、開発教育協会ニュースレター編集チーム員。

戸沼雄介（とぬま　ゆうすけ）……第 2 章
K-DEC 運営委員。中学校教員。教材研究として各地に赴く中でカンボジアの人々の暮らしに惹かれ開発教育に出会う。地域をきちんと捉える大切さを感じ、大学で地理学を学んでいる。

平野沙和（ひらの　さわ）……第 1 章
K-DEC 運営委員。小学校教員。数年前に教師海外研修に参加し、K-DEC と出会う。カンボジアやタンザニアでの様々な出会いをきっかけに、開発教育に興味をもつ。

山西優二（やまにし　ゆうじ）※編著者紹介参照　……かながわ開発教育センターの紹介、第 11 章、第 13 章～第 19 章

※ K-DEC は「かながわ開発教育センター」の略称です。

編著者紹介

岩本　泰（いわもと　ゆたか）

K-DEC 理事。東海大学教養学部人間環境学科教授。日本シティズンシップ教育学会理事、日本環境教育学会代議員、東京都板橋区環境教育推進協議会委員。専門は ESD・総合的な学習／探究の時間・まちづくり学習（「関係人口」創出）。共編著『教職概論―「包容的で質の高い教育」のために―』（学文社、2019 年）、『総合的な学習 / 探究の時間―持続可能な未来の創造と探究―』（学文社、2020 年）など。

小野行雄（おの　ゆきお）

K-DEC 理事。神奈川県立逗葉高校教諭、法政大学人間環境学部および大学院公共政策研究科兼任講師。草の根援助運動事務局長、横浜 NGO ネットワーク理事長、開発教育協会機関誌編集委員。専門は市民社会・開発教育。単著『NGO 主義でいこう』（藤原書店、2002 年）。共訳『参加型ワークショップ入門』（ロバート・チェンバース著、明石書店、2004 年）。共著『21 世紀の人権』（日本評論社、2011 年）、『新・21 世紀の人権』（日本評論社、2021 年）。

風巻　浩（かざまき　ひろし）

K-DEC 理事。東京都立大学特任教授。日本国際理解教育学会、日本社会科教育学会会員、地球対話ラボ監事、川崎・富川高校生フォーラム「ハナ」サポーター。専門は社会科教育・国際理解教育・開発教育・多文化共生教育。単著『社会科アクティブ・ラーニングへの挑戦―社会参画をめざす参加型学習―』（明石書店、2016 年）。共著『未来の市民を育む「公共」の授業』（大月書店、2020 年）など。

山西優二（やまにし　ゆうじ）

K-DEC 代表理事。早稲田大学文学学術院教授。日本国際理解教育学会理事、日本ホリスティック教育 / ケア学会理事、多文化社会専門職機構副代表など。専門は国際教育・開発教育・共生社会論。共編著『地域から描くこれからの開発教育』（新評論、2008 年）。共著『多文化共生の地域日本語教室をめざして―居場所づくりと参加型学習教材―』（松柏社、2018 年）、『国際理解教育を問い直す―現代的課題への 15 のアプローチ―』（明石書店、2021 年）など。

※ K-DEC は「かながわ開発教育センター」の略称です。

SDGs時代の学びづくり
——地域から世界とつながる開発教育——

2021年12月25日　初版第1刷発行

企　画　かながわ開発教育センター
編著者　岩本　泰／小野行雄
　　　　風巻　浩／山西優二
発行者　大江道雅
発行所　株式会社 明石書店
101-0021 東京都千代田区外神田6-9-5
電　話 03-5818-1171
FAX 03-5818-1174
振　替 00100-7-24505
http://www.akashi.co.jp

装丁　福澤郁文
カバーイラスト　経真珠美
印刷　株式会社文化カラー印刷
製本　協栄製本株式会社

（定価はカバーに表示してあります）
ISBN978-4-7503-5309-8

社会科アクティブ・ラーニングへの挑戦
社会参画をめざす参加型学習
風巻浩
◉2800円

グローバル時代の「開発」を考える
世界と関わり、共に生きるための7つのヒント
西あい、湯本浩之編著
◉2300円

国際理解教育を問い直す 現代的課題への15のアプローチ
日本国際理解教育学会編著
◉2500円

深化する多文化共生教育 ホリスティックな学びを創る
孫美幸
◉2400円

新たな時代のESD サスティナブルな学校を創ろう
世界のホールスクールから学ぶ
永田佳之編著・監訳　曽我幸代編著・訳
◉2500円

未来をつくる教育ESD 持続可能な多文化社会をめざして
五島敦子、関口知子編著
◉2000円

「人種」「民族」をどう教えるか 創られた概念の解体をめざして
中山京子、東優也、太田満、森茂岳雄編
◉2600円

イスラーム／ムスリムをどう教えるか
ステレオタイプからの脱却を目指す異文化理解
荒井正剛、小林春夫編著
◉2300円

SDGs時代のグローバル開発協力論
開発援助・パートナーシップの再考
重田康博、真崎克彦、阪本公美子編著
◉2300円

全国データ SDGsと日本 誰も取り残されないための人間の安全保障指標
NPO法人「人間の安全保障」フォーラム編
高須幸雄編著
◉3000円

まんが クラスメイトは外国人 課題編 私たちが向き合う多文化共生の現実
みなみななみ まんが
「外国につながる子どもたちの物語」編集委員会編
◉1300円

新版 シミュレーション教材「ひょうたん島問題」
多文化共生社会ニッポンの学習課題
藤原孝章
◉1800円

多文化共生のためのシティズンシップ教育実践ハンドブック
多文化共生のための市民性教育研究会編著
◉2000円

多文化クラスの授業デザイン 外国につながる子どものために
松尾知明
◉2200円

新 多文化共生の学校づくり 横浜市の挑戦
山脇啓造、服部信雄編著
◉2400円

朝鮮籍とは何か トランスナショナルの視点から
李里花編著
◉2400円

〈価格は本体価格です〉